ADR
워크북

대안적 분쟁해결 사례연습

김태기 · 김용목 · 김학린 · 서광범
윤광희 · 이준호 · 이 정 · 최영우

workbook

박영사

서문

대안적 분쟁해결 제도(ADR)의 효용성은 이미 선진 각국에서 입증되었으며, 지금은 매우 보편화된 분쟁해결 제도 중의 하나이다. 특히 고용관계를 둘러싼 분쟁은 이해관계가 복잡하고 쟁점도 다양하기 때문에 일도양단(all or nothing)의 해결방식보다는 ADR을 이용하여 분쟁 당사자가 주도적으로 이해 조정을 통해 문제를 해결하는 것이 가장 바람직한 것은 두말할 나위도 없다.

다만 아쉽게도 우리나라에서는 아직 ADR에 대한 홍보와 이해가 부족한 탓인지 이를 체계적으로 소개하는 이론서나 실무서가 거의 전무한 상태이다. 이에 작년부터 각 분야의 전문가들이 연구회를 만들어 거의 매주 열띤 토론을 거쳐 올 봄에는 ADR에 대한 기본이론서인 「ADR 대안적 분쟁해결 제도」<기초편>을 박영사에서 출판한 바 있으며, 이번에는 <기초편>의 내용을 한층 업그레이드한 <심화편>과 함께 실습 시에 보조교재로 활용할 수 있도록 <ADR 워크북>도 함께 출판하게 되었다.

실무에서 ADR기법을 활용하기 위해서는 이론적인 지식도 중요하지만, 실제상황에 이를 적절하게 활용할 수 있도록 가상 사례를 직접 풀어보는 실습 또한 매우 중요하다. 이에 워크북에서는 산업현장에서 일상적으로 발생하는 전형적인 갈등과 분쟁을 소재로 ADR기법을 활용하여 해결하는 스킬과 능력을 습득하도록 하는 데 목적을 두고 있다. 특히 이 워크북에서는 ADR 프로그램 참가자들이 이해당사자 및 조정자의 입장에서 각각의 역할 연기(role playing)을 통하여 지혜롭게 갈등과 분쟁을 해결하는 모듈을 모색하는 과정을 경험할 수 있도록 설계된 것이 특징이다.

본 연습 워크북 작성에 한국고용노동교육원의 김성환 박사, 손동희 박사, 이공희 박사, 최홍기 박사께서 함께 고민하고 코멘트를 해주신 부분에 감사를 표한다.

아무쪼록 이 워크북이 사례연습을 통하여 갈등과 분쟁을 효율적으로 해결하는 ADR기법을 습득하고, 이를 실무에 응용할 수 있도록 하는 데 도움이 되길 바라는 마음이다.

2024년 여름
집필자 일동

차례

Chapter 01
고용 갈등과 협상

김 태 기 위원장 (중앙노동위원회)

01 고용 갈등과 협상

1 연습 목표

고용 갈등을 협상으로 해결하는 방법을 주된 교재에서 다루었다. 이론과 실제 경험을 토대로 고용 협상과 화해·조정에 대해 논의를 한 것이다. 하지만 아무리 좋은 지식을 가지고 있다 하더라도 실제로 활용하는 것이 중요하다. 특히 직장생활 속에서 매우 다양한 갈등에 봉착하게 되는 일반인이 협상으로 해결하려고 하는 경우 막연할 수 있기에 더욱 그렇다. 이런 문제를 해소하기 위한 좋은 방법은 연습과 훈련을 해보는 것이다. 특히 협상의 이론은 활용을 통한 경험칙을 바탕으로 하기에 연습과 훈련의 효과는 더욱 크다. 협상에 대한 연습과 훈련은 막연하게 들렸던 교과서 속의 지식을 본인에게 맞는 살아 있는 지식으로 실감할 수 있게 한다. 이 책은 고용 협상 이론의 연습과 훈련을 위한 보조 교재로서 그 역량을 키우는 데 일조할 수 있을 것이다.

이 책은 고용 갈등에 대한 모의 협상을 위한 가이드북이라고 할 수 있다. 수강생들이 제시된 사례를 분석하고 모의 협상을 함으로써, 실제 협상 능력향상을 향상하는 데 기여하는 것이 목적이다. 또한 강사가 모의 협상을 지도하는 데 있어 지침서 역할을 함으로써 교육 목표를 달성하고, 수강생들의 협상 능력을 표준화된 기준에 따라 평가하는 데 도움을 주고자 한다.

② 진행 방식

이 책은 가상의 고용 갈등 시나리오를 취업, 징계, 차별 3가지에 대해 각각 제시한다. 수강생들이 각각의 갈등에 대해 협상이나 화해 당사자 등으로 직접 참여하는 것을 전제로 꾸며져 있다. 이를 위해 강의에 들어가기 전에 각 협상 사례에 참여할 수강생과 역할을 미리 정하고, 강의 시간 동안에 자신이 맡은 역할을 실제처럼 수행하는 방식으로 진행한다.

강의는 2시간 30분 동안 진행하고, 교재에 대한 강의 1시간 30분 그리고 실습에 1시간을 배정한다. 강사는 각 사례에 배정할 수강생을 희망에 따라 정하되, 전체 수강생이 참여하도록 조정할 수 있다. 각 사례는 고용 협상의 시나리오를 제시하고 있다. 강사는 이에 맞추어 노사 협상 당사자, 화해 담당자, 다른 관계자로 미리 팀을 나누고 역할을 부여한다. 이 또한 당사자들의 신청에 따라 역할을 배분할 수 있지만, 시간의 제약으로 어렵다면 강사가 배정할 수 있다. 이러한 역할 놀이는 본인은 물론 다른 사람의 장단점 및 협상 성향과 능력을 이해할 수 있게 하는 것이 목적이라는 점에 주목할 필요가 있다. 각 사례에 대해 45분 정도 협상 연습을 진행하고, 나머지 15분은 각 팀의 발표와 강사의 해설 및 평가로 마무리한다.

협상 능력을 키우는 교육은 협상에 대한 이해가 우선적이다. 따라서 본 강의는 갈등에 대한 분석과 협상의 준비에 따라 협상의 결과가 달라진다는 점부터 인식시키고 한다. 이러한 취지에 따라 45분의 협상 연습 시간을 다음과 같이 배분하면서 진행한다.

○ **3인이 한 팀으로 각자 역할을 수행**
  ① 노사협상 당사자, ② 화해담당자, ③ 다른 관계자

○ **연습시간 총 45분**
  ① 갈등 진단 및 협상준비 10~15분
  ② 모의 협상 20~25분
  ③ 팀 자체평가 및 발표준비 10~15분

---

① 수강생이 배정받은 갈등과 협상 시나리오를 숙지한다.
②「갈등 진단 – 협상 준비 – 실제 협상」의 3단계로 나누고 실습을 진행한다.
③ 팀별로 자체 평가를 한 다음 1명이 대표로 발표한다.

수강생들이 갈등에 대한 분석과 협상 솔루션을 만들기 쉽도록 편의상 각각 협상 사례에 대한 대략적인 협상 연습 포인트를 제시한다. 물론 협상 연습 포인트는 예시에 지나지 않으며 수강생과 강사의 필요에 따라 추가할 수 있다.

각각의 고용 협상 사례의 단계별 시간 배정은 수강생의 재량이지만, 45분을 나누어 10–15분을 갈등 진단과 협상 준비에, 20–25분 동안 모의 협상을 한 다음, 5–15분 동안 팀의 자체 평가와 발표 준비에 할애할 수 있다.

4 평가 방법

수강생에 대한 평가는 강사가 직접 관찰할 수 있는 모의 협상을 토대로 한다. 이렇게 하는 이유는 수강생의 갈등 진단과 협상 준비 역량이 실제 협상에 반영된다고 보기 때문이다. 강사의 평가는 팀 단위와 개별 팀원들에 대한 평가로 나누고, 팀에 대해서는 협상 연습의 적극성에 주목한다. 개별 팀원에 대한 평가는 노사당사자와 화해 담당자 그리고 관계자가 보여준 역할과 스킬을 체크 리스트에 기록하는 방식으로 진행한다.

개별 수강생에 대한 평가가 객관적으로 이루어지도록 체크 리스트를 만든다. 평가의 범위가 너무 커지는 문제를 피하도록 다음의 항목에 주목한다.

① 협상에서 첫 번째 제안이 적절한지 그 이후 쌍방이 어떻게 대응 또는 수정하는지
② 각자의 요구나 주장을 둘러싼 대화와 경청 등 의사소통이 적절한지 특히 쟁점에 대한 각자의 이익을 파악하고 입장의 차이를 좁혀나가는지
③ 협상의 전략은 적절한지 특히 이를 뒷받침하는 양보나 설득을 잘하는지
④ 협상의 장애 요인을 해결하기 위한 당사자들의 노력은 적절한지 또 화해 담당자와 관계자가 이 과정에 어떤 역할을 하는지
⑤ 협상과 화해의 촉진과 합의의 질적 수준을 높이려는 방법들이 적절한지, 창의적인 제안을 하는지로 평가항목을 나눈다.

평가는 팀 단위와 개별 팀원 단위 점수를 합한다. 3개의 협상 사례는 교육을 위해 난이도가 다르게 설계되어 있다. 2번째 사례를 맡은 팀에게는 1점을, 3번째 사례에는 2점을 더한다. 여기에 강사는 협상 연습에 대한 적극성과 팀웍 등을 팀 단위로 평가해 0~2점 사이에서 잘하는 순으로 더한다.

이렇게 되면 팀 점수가 최대 4점이 되고, 이 점수를 개별 팀원의 점수에 더한다. 강사는 각 사례에 대해 위의 5개 항목을 중심으로, 개별 팀원을 각각에 대해 평가해,

1~4점 사이에 개인 점수를 부여한다. 팀 점수와 개별 점수를 합치면 총점이 최대 24점이 되고, 60% 즉 14점 이상 되어야 통과한 것으로 평가한다.

5 협상 사례(1)

1. 취업 협상

IT 업종의 직원 30명인 A사가 기술직 경력 사원을 모집한다. A사는 잘 알려져 있지는 않지만, 기술력이 좋고 임금도 업계 상위권이다. IT 업종이 불황으로 인력을 줄이는 상황이라 A사에 많은 사람이 지원했다. B는 면접 대상에 포함되어 A사 대표이사 C를 만났다. B는 현재 D사에 다니고 있으나, 회사의 전망이 좋지 않아 직장을 옮기려고 조용히 알아보고 있다. B는 A사의 내부 사정은 모르고, 좋은 평판에 끌리지만 D사가 집에서 거리가 멀다는 점이 걸린다. C는 B의 이력서와 자기소개서를 보고 높이 평가했고 A사의 약점을 보완하는 데 도움이 된다고 본다. 그러나 B가 D사를 이직하려는 이유가 석연치 않다고 생각한다. 전임자가 얼마 다니다가 중도 퇴사해 낭패를 경험했다.

이런 가운데 B와 C는 만났다. C는 B에게 이직 하는 이유, 기대하는 급여 수준 등을 그리고 B는 A사의 기술개발 투자, 근무 방식 등을 질문했다. 대화가 끝나자 C는 B에게 최소 3년 근무하면 A사의 기존 직원보다 많은 급여와 보너스를 주겠다고 그 자리에서 단도직입적으로 제안했고, B는 파격적인 제안에 기뻤다. 그러나 B는 속마음을 감추고 경쟁 기업 이상의 대우를 받고 싶다고 답했다. C는 B에 호감이 갔지만 업계 최고 대우를 원하는 B의 요구를 당장 수용하면 기존 인력들과 형평성이 깨질 수 있다고 걱정했다. B도 A사가 예상보다 사업 전망이 좋고 자신의 캐리어에 개발에 도움이 되지만, C의 스타일이 저돌적이라 업무 환경이 빡빡하고 자신의 역량을 펴기가 쉽지 않겠다고 우려했다.

두 사람은 1주일 후에 다시 만났다. 그전에 C는 B를 아는 자신의 회사(A사) 직원인 E에게 B와 접촉을 요청했고 이에 B와 E는 만났다. E는 면접 자리에서 오간 쌍방의 이야기를 들으면서 양측에 문제가 있다고 생각했다. B는 A사가 기술개발에 강한 만큼 집중 업무가 필요하다는 점에 대한 이해가 부족하고, C는 B의 기술개발 능력은 뛰어나지만, 대인관계 능력은 그렇지 못하고, 자유로운 근무 환경을 중시한다는 점을 간과한다고 느꼈다. E는 C에게 사장으로서 우려되는 바를 B에게 솔직하게 말하라고 조언했다. B는 속마음을 털어놓지 않고 자신을(E) 경계하는 느낌이 들었지만, C에게 본인의 일하는 스타일을 존중해달라고 요청하면 좋을 것이라고 조언했다.

E는 합의 가능성을 반반으로 본다. A사는 채용이 시급하나 B 같은 전문가가 많지 않아 합의가 가능하지만, B가 지나친 욕심을 부리기 때문에 합의가 어렵기 때문이다. 이에 E는 다음과 같은 채용조건을 양측에 조언했다. 최소 3년의 근로계약을 체결하고, 급여는 고정급과 보너스로 나누고, 고정급은 D사 수준보다 10% 더 주고, 보너스는 A사에서의 기술개발 성과와 연동하는 것이다.

6 협상 연습 포인트(1)

① B와 C의 보텀 라인은 무엇이라고 생각하나? B와 C의 합의 가능성이 클까? 그렇다거나 그렇지 않다면 그 이유는?

_____

_____

_____

_____

_____

② C의 첫 번째 제안은 적절한가? 그렇다거나 그렇지 않다면 그 이유는? 이에 대한 B의 대응은 어떤가?

_____

_____

_____

③ 두 사람의 협상에서 무엇이 장애 요인으로 작용하는가? 상대방에 대한 정보가 서로 충분하지 못한 문제가 협상에 어떤 영향을 미치는가?

_____

_____

_____

_____

_____

④ 두 사람의 협상전략은, 양보 추구와 문제해결의 관점에서 논한다면, 가치 주장과 가치 창출 중 어디에 무게가 실려 있다고 보는가?

_____

_____

_____

_____

_____

⑤ B와 C의 제안은 자신의 이익을 제대로 반영하고 있는가? 그렇다거나 그렇지 않다면 그 이유는?

_____

_____

_____

_____

⑥ 두 사람의 대화는 충분하다고 생각하는가? 그렇다거나 그렇지 않다면 그 이유는? E의 역할은 충분한가?

_____

_____

_____

_____

_____

_____

⑦ E의 C에 대한 조언은 적절한가? 그렇다거나 그렇지 않다면 그 이유는?

_____

_____

_____

_____

_____

_____

5 협상 사례(2)

2. 징계 협상

제조업종으로 직원이 1,000명 되는 A사에서 자재구매를 담당하는 B는 구매처인 C사로부터 용돈으로 100만 원을 받았다고 정직 6개월의 중징계 처분을 받을 처지에 놓였다. 하지만 B는 용돈은 대가가 아니고 C사와 관계가 좋아 선물로 받은 것이라고 주장하며, 징계 사유가 부당하고, 설사 잘못했다고 하더라도 6개월 정직은 과도하다고 반발하고 있다. 하지만 징계를 요청한 B의 부서장 D는 관리 스타일이 엄격하다는 평판을 받고 있는데, B가 평소에 고객사들로부터 금품을 받고 근태도 불량했다면서 징계가 불가피하다고 주장한다. 이런 가운데 B는 D가 평소에 나쁜 소문으로 자신을 괴롭혀왔고, 증거도 없이 트집을 잡아 징계를 요구한다고 주장하면서, A사 대표인 E가 D의 괴롭힘을 예방하지 않았다고 문제를 제기했다.

　B는 정직 6개월 징계에 대해 재심 신청을 했고, 회의에 참석해 해명과 억울함을 호소했다. 징계 재심 회의가 끝난 다음 A사의 인사 담당자를 만나 자신의 주장이 받아들여지지 않는다면 법적 절차를 밟겠다고 말했다. 아무런 연락이 없자 B는 노동청에 괴롭힘을 진정하기 위해 또 노동위원회에 부당정직 구제를 신청하기 위해 노무사 F를 만났다. F는 B의 주장과 A사의 취업규칙을 검토한 결과, D의 주장이 사실이고 입증이 된다면 B의 부당정직 구제신청은 기각될 것으로 보았다. 하지만 B의 주장대로 D의 괴롭힘이 사실이고 증거가 있다면 E에게 책임을 물을 수 있다고 보았다. 문제는 B와 D 모두 자신의 주장을 뒷받침할 확실한 증거가 부족하다는 점이다. 이에 F는 B에게 화해로 해결하는 편이 유리할 것이라고 하면서 D와 만나 평소에 금품을 받았다는 주장을 구체적으로 확인하고, E에게도 D의 괴롭힘을 설명하라고 조언했다.

　B는 D를 만나 C사로부터의 용돈은 대가성이 없다는 점을 설명하며, 앞으로는 오해받을 행동을 하지 않겠다며 선처를 요청했다. 하지만 D는 자신이 괴롭힘을 했다고 주장하는 것에 분노한다고 말하면서 냉담한 반응을 보였다. E 또한 B의 면담 요청에 응답이 없었다. 이러다가 며칠이 지나고 D는 B에게 만나자고 요청하고는 만일 괴롭힘을 했다는 주장을 철회하고 용돈 수수 행위를 사과하면 정직 6개월을 3개월로 징계 수위를 낮추겠다고 제안했다. 또 E도 간접적으로 D와 비슷한 입장을 전해왔다. D의 제안을 받은 B는 생각할 시간을 달라고 하면서 F와 상담했다. F는 정직의 피해를 강조하면서 징계 수위를 낮추는 전략을 펴라고 조언했다. 이러자 B는 가정생활과 체면 때문에 정직 3개월 대신 경고로 끝내자고 했다. 하지만 D는 감봉 정도의 경징계라도 하지 않으면 조직의 기강을 잡기 어렵다며 어쩔 수 없이 징계 절차를 밟겠다고 했다.

6 협상 연습 포인트(2)

① B와 D 양측 모두 협상으로 해결할 의지가 있는가? 그렇다면 협상으로 갈등 해결이 가능한가? 그렇지 않다면 그 이유는?

_____

_____

_____

_____

_____

_____

② B와 D 중 누구의 협상력이 우위에 있나? 금품수수나 괴롭힘 등이 양측의 협상력에 어떤 영향을 미치는가? 그 이유는?

_____

_____

_____

_____

_____

_____

③ 법적 문제가 두 사람의 협상을 제약하나? 법적인 문제가 걸려 있는 갈등을 권리의 논리에서 이익의 논리로 해결할 수 있는가? 그렇다면 그 이유는?

_____

_____

_____

_____

_____

_____

④ B와 D의 심리적 문제가 협상을 제약하나? B와 D 중에서 누가 대화를 잘했다
고 생각하나? 심리적 문제를 넘어설 수 있다고 보는가? 어떤 점에서 그런가?

_____

_____

_____

_____

_____

⑤ B와 D는 어떤 협상전략을 추구하나? 양보 추구 측면에서 보면 누가 압박을
하기에 유리한 고지에 있는가?

_____

_____

_____

_____

⑥ F의 화해 조언은 적절했나? F의 조언은 B의 기대 수준에 어떤 영향을 미쳤다
고 보는가? 다른 조언이 필요하다면 어떤 내용일까?

_____

_____

_____

⑦ 대표 E가 침묵하는 것이 적절했나? 회사의 고충처리제도는 잘 작동하는가? 그렇지 않다면 그 이유는?

---

5 | 협상 사례(3)

3. 차별협상

식품 가공 및 판매업을 하는 직원 300명의 A사에서 영업 관리를 담당하는 여성 B는 1년 동안 육아 휴직을 마치고 복귀했더니 회사가 근무지를 서울에서 수원으로 변경했다. 이러자 서울에 사는 B는 회사를 그만두라고 하는 것과 마찬가지라며 성차별에 의한 부당 전보라고 반발했다. 육아 휴직을 쓰면 인사고과에서 불리하고, 육아 휴직은 여성이 거의 다 사용해 결국 여성은 회사를 떠날 수밖에 없다고 주장했다. B의 반발에 대해 A사의 인사 담당자 C는 B를 만나 수원으로 변경은 육아 휴직 이전에 이미 예정된 정기적인 순환 근무의 관행이라고 주장하고, 인사고과 점수가 낮은 이유는 회사의 규정에 따른 다른 동료 직원과 비교 결과라며 대수롭지 않은 듯이 성차별을 부인했다. 하지만 B는 상사로부터 일 잘 한다는 칭찬을 들었고 인사고과 점수도 좋았던 편이며, 서울에서 직장생활을 지속하고 싶은 터라 C의 주장에 화가 더 나게 되었다.

이러자 B는 지난 3년 동안 자신과 유사한 성차별을 당한 사례를 찾는데 나섰다.

우선 A사의 근무지 변경과 승진 그리고 취업규칙과 회사의 규정을 조사했고, 비슷한 처지의 관련자들을 만난 결과, C의 주장과 다른 여러 문제점을 발견했다. 차별의 증거는 충분하지 못했지만, A사의 근무지 변경은 실제로는 정기적인 순환 근무가 아니라 일부에만 해당이 되었고, 대다수는 조기 퇴사 직전의 관행이었으며, 육아 휴직을 다녀온 직원은 최하위 인사고과 점수를 받았고, 이러한 사람은 대부분이 여성이라는 심증을 굳혔다. 나아가 B는 자신과 유사한 성차별을 받았다는 다른 직원 2명과 함께 차별시정에 나서기로 하고 공동으로 대응하기로 했다. 이들(B 측)은 3명의 명의로 A사 대표 D에 고충을 제기하기로 했다. A사의 근무지 변경 조치가 성차별금지법 위반이기 때문에 취소하고, 원래 근무지에서 일할 수 있어야 하며 그렇지 않으면 노동청에 진정한다는 것이다.

하지만 D는 B 측의 면담 요청을 피하고, 사태를 악화시켰다며 C를 질책하고 변호사 F를 선임했다. B 측은 노동청을 찾아가 차별 피해를 호소했지만, 노동청에서는 차별 입증 자료가 부족하다고 했다. 이에 B 측은 노무사 E와 의논했더니 신중한 태도를 보였다. 우선 회사 내의 고충처리제도를 적극적으로 활용하라고 했고, 노동위원회에 구제 신청을 하면 업무 범위 문제로 육아 휴직 관련 차별시정명령을 내리기 어려울 수 있다며, 차라리 성차별로 구제신청을 하고 이에 맞추어 자료를 보강해야 한다고 했다. 다행히 노동위원회는 구제신청을 받아 주었고, 1개월 정도 지나서 심문회의에 참석했다. 이 자리에서 노무사 E는 차별에 의한 부당 전직을 주장했고, A사는 C와 변호사 F가 참석해 반박했는데, 위원들은 화해를 권유하였다. 사건의 관할권이 애매하고, 성차별의 심증은 있지만 확신할 정도에 이르지 못하고 다만, 육아와 직장을 병행하기에 근무지 변동으로 피해가 크다고 위원들은 생각하는 것으로 보였다.

노동위원회가 차별시정 심문회의를 하기 전에 담당 조사관은 B 측과 A사에 화해 의사를 물었다. 양측은 상대방의 발언이나 행동을 보고 결정하겠다고 했다. 이런 가운데 B는 심문회의 과정에 C와 F가 사실이 아닌 반박을 한다고 흥분했다. 하지만 E는 달랐다. B의 주장에 증거가 부족해 노동위원회에서 인정받는다고 해도 법원에서 유지될지 의문이었다. 반면, 노동위원회에서 인사경영권의 행사라는 F의 주장은 설득력과 일관성이 있어 보였다. 다만 일부 위원은 육아 휴직을 둘러싼 성차별이 B 개인의 문제가 아니고, A사의 불투명한 인사제도가 원인이 아니냐는 질문을 A사에 했다. E는 B에 A사가 전직 명령을 철회하면 화해를 받아들이라고 권유했지만, B는 이러한 위원의 질문을 보고는 다른 직원 2명도 걸려 있는 문제라며 곤란하다고 A사의 근무지 변경 제도개선을 화해 조건으로 요구했다.

협상 연습 포인트(3)

① B와 A사는 노동위원회에 오기 전에 갈등을 해결할 수 있었나? 그렇다거나 그렇지 않다면 그 이유는? 각자의 보텀 라인은 협상하면서 바뀌었는가?

_____

_____

_____

_____

_____

② B와 A사의 갈등은 본질이 근무지 변경인가 차별 문제인가? 차별금지법 위반 시비가 협상의 걸림돌로 작용하는가? 그렇다면 그 이유는?

_____

_____

_____

_____

_____

③ 갈등이 발생한 당시 B와 C의 대화와 협상에는 문제가 있는가? 그렇다면 무엇인가? E의 화해 권유는 적절하다고 생각하는가?

_____

_____

_____

_____

④ B가 다른 2명과 함께 집단으로 A사에 차별시정 요구를 한 것이 해결에 도움이 되나? B의 협상력에 어떤 영향을 미쳤는가? A사의 태도는 바뀌었는가?

⑤ 갈등이 표출되고 노동위원회에서 심문회의 하는 과정에서 나타난 B와 C의 심리적 문제가 협상과 화해에 어떤 영향을 미쳤나?

⑥ B와 A사 측은 결국 노동위원회의 화해 권유를 받아들일 것으로 보는가? 그렇다면 그 이유는?

⑦ 노동위원회가 차별이 B 개인의 문제가 아니라 인사제도의 문제라는 지적은 적절한가? 화해 조건에 어떻게 영향을 미칠 것으로 보는가?

Chapter 02

고용 갈등의 의사소통

이준호 전 교수(나사렛대학교)

고용 갈등의 의사소통

1 실습 목표(1)

실습을 통해 수강생들이 적극적 경청을 구성하는 방법과 성공하는 경청자의 태도 및 적극적 경청의 실수를 만회하는 요령을 터득하게 한다.

2 진행 방식 및 시간 구성(1)

○ **2인이 한 조로 각자 역할을 수행**
　① 경청자, ② 관찰자

○ **실습시간 총 25~30분**
　① 조별실습 15~20분, ② 질의응답 10분

① 참가자들은 전원 조를 편성하여 실습을 진행한다.
② 사례에서 문제를 소유한 팀장의 역할은 강사에 의해 수행된다.
③ 경청자 역할을 맡은 사람은 강사가 보내는 메시지에 기민하게 반응하여 적극적 경청으로 피드백을 한다.

④ 관찰자는 경청자가 적극적 경청을 보내지 못할 경우 적극적 경청에 성공할 수 있도록 경청자를 지원한다.

경청자가 적극적 경청으로 피드백을 시키는 방법

① 각 조의 경청자와 관찰자는 강사가 역할 연기를 할 때는 일단 하던 일을 멈추고 Stop, Look, Listen의 자세를 취하라.

② 경청자는 수용과 공감의 자세로 고참 팀장이 경험하는 내면의 일들을 느껴보려고 노력해라.

③ 경청자는 강사가 보내는 메시지에 집중하면서 그 메시지 속에 들어있는 강사의 생각(의도)과 감정을 파악하여 적극적 경청으로 피드백을 한다. 만일 강사의 메시지를 파악하여 적극적 경청을 구성하기 어렵다면 감정만이라도 빨리 돌려주어라. 강사의 메시지를 이해하기 힘들다면 강사에게 다시 보내달라고 요청하라.

④ 경청자가 적극적 경청을 잘 해내는 방법은 문제를 소유한 사람이 자신의 문제가 발생한 원인과 나름대로 해결할 방법도 알고 있다고 생각하라. 상대방이 내면에서 경험하는 것들에 대해 추측하고 파악한 것들이 맞는 것인지를 확인하기 위해 되돌려준다는 가벼운 마음가짐으로 적극적 경청을 하라.

⑤ 처음 경청을 실패하는 것은 자연스러운 현상이다. 적극적 경청은 결코 쉬운 기술이 아니다. 실수를 창피하게 생각하지 말고 적극적 경청에 도전하라.

⑥ 관찰자는 경청자가 제대로 적극적 경청을 해낼 수 있도록 옆에서 코치하라. 강사에 대해 수용, 공감, 진솔의 태도로 경청하는 것이 성공의 열쇠라는 것을 강조하라.

⑦ 첫 번째 시도가 실패를 하면 다시 한 번 기회가 주어진다. 이것도 실패하면 적극적 경청의 기회는 다른 참가자나 다음 조에 기회가 돌아간다.

① 강사의 메시지를 수용하면서 적극적 경청을 하고 있는가?

② 강사에 대해 공감하면서 적극적 경청을 보내고 있는가?

③ 강사에게 진솔한 태도로 적극적 경청을 보내고 있는가?

④ 걸림돌을 피하면서 적극적 경청에 성공하고 있는가?

⑤ 참가자 전체의 질의, 응답에 얼마나 적극적으로 참가하였는가?

4 의사소통 사례(1)

1. 본부장 승진에서 탈락한 최고참 영업팀장

당신은 ○○사에서 20년간 회사와 운명을 같이해온 ○○팀의 최고참 영업팀장이다. 지방 출장을 떠나기 전주 주말에 임원급인 영업본부장을 선발하는 이사회가 개최되었다. 그동안 임원들을 포함해 사내의 모든 사람들은 새로운 영업본부장은 창업 이후 최근까지 영업 본부의 성장에 기여해온 최고참 영업팀장의 자리로 알려져왔다. 그리고 영업부서에 근무하는 모든 사람들은 영업팀장에 대해 영업본부장에 맞는 대우를 해왔다.

그런데 이사회에서 정작 본부장으로 선발된 사람은 미국 유명 MBA 출신으로서 몇 년 전 회사에 스카우트되어 당신의 지도하에 부서의 차기 팀장 후보로 훈련받고 있었던 40대 중반의 후배였다. 출장을 떠나는 날 이른 새벽 대표이사로부터 조찬 연락을 받고 식사를 하면서 대표이사로부터 이사회의 결정을 알게된 당신은 회사에 대한 배신감을 참을 수가 없었다. 당장 출장을 포기해야 할 상황이었지만 대표이사 앞에서 치밀어 오르는 분노를 표출할 수도 없고 이미 수 주 전 확정된 일정이어서 출장을 취소할 수도 없었다.

당신은 치밀어 오르는 분노를 억누르면서 KTX로 내키지 않는 출장길에 올랐다. 차장 너머로 스쳐 지나가는 풍경이 쓸쓸해보였다. 눈을 감았으나 흐르는 눈물과 억울함을 주체할 수 없었다. 출장을 끝내고 나면 직장 생활은 이제 정리할 때가 되었다는 생각을 하면서 첫 방문지인 대리점에 도착했다. 오랫동안 사업상 친분을 쌓아온 대리점 사장을 만나자마자 당신은 회사에서 당한 억울함과 자신의 처지를 털어놓기 시작했다.

5 의사소통 실습 포인트(1)

① 적극적 경청의 실습에서 가장 힘들었던 점은 무엇이었나?

_____

_____

_____

_____

_____

_____

② 경청 대신에 자꾸 걸림돌이 사용되는 이유는 무엇이라고 생각하나?

_____

_____

_____

_____

_____

_____

③ 적극적 경청의 실습 과정에서 고참 영업팀장이 자신의 감정을 정리하고 이성적이 되어가고 있음을 느꼈는가? 언제 그 점을 간파하였는가?

_____

_____

_____

_____

_____

_____

④ 실습을 통해 경청의 기술보다 태도가 중요하다는 것을 이해하였나?

_____

_____

_____

_____

_____

⑤ 상대방이 문제를 소유한 경우 적극적 경청의 이점은 무엇이라고 생각하나?

_____

_____

_____

_____

_____

1 **실습 목표(2)**

　직면을 통해 자신의 문제를 해결하기 위해 상대방으로부터 자발적인 협력을 얻어내는 직면적 아이－메시지의 구성 방법, 직면을 성공시키는 태도, 상대의 저항을 극복하는 방법을 터득하도록 한다.

2 **시간 구성(2)**

o **수강생은 3인 1조로 실습하며, 각 조에서는 각자 역할을 담당한다.**
　① 선배상담사, ② 후배상담사, ③ 관찰자

o **연습시간 총 20분**
　① 조별실습 10분, ② 발표 5분, ③질의응답 5분

① 각 조별로 자리를 앉는다. 직면적 아이－메시지를 보내는 역할은 후배상담사가 맡는다. 선배상담사는 후배상담사의 아이－메시지에 대해 반응을 보이는 역할을 하고 관찰자는 조별 실습을 진행시키며 후배상담사가 실습을 성공할 수 있도록 지원하는 역할을 담당한다.
② 전체 참가자 중 1명의 지원자가 사례를 읽는다.
③ 지원자가 사례를 읽은 후 각 조에서는 후배상담자가 직면적 아이－메시지를 선배상담자에게 보내고 선배상담자가 저항을 나타내면 선배의 반응에 대해 적극적 경청(가능하다면 2회 정도)으로 기어 바꾸기를 해주어라. 이때 관찰자의 역할은 후배상담자가 아이－메시지와 적극적 경청을 구성하기 어려워하면 성공할 수 있도록 지원하라.

④ 한 차례 기어 바꾸기에 성공하면 관찰자는 다시 ③과 동일한 요령으로 두 번째 실습을 진행시킨다.

⑤ 후배상담사가 아이 — 메시지를 보내는 것이 쉽지 않다. 관찰자는 후배상담사가 구성에 어려움을 겪으면 직면적 아이 — 메시지를 같이 작성하여 후배상담사에게 아이 — 메시지를 보낼 것을 요청하라. 기어 바꾸기를 할 때에도 동일한 요령으로 코칭을 하라.

⑥ 만일 후배상담사가 직면적 아이 — 메시지와 기어 바꾸기를 더 이상 진행하기 힘들다고 판단되면 관찰자는 서로 역할을 바꾸어 실습을 진행시킨다. 이때 잘 안되는 부분들에 대해 서로 논의해가면서 실습을 해보도록 한다.

⑦ 관찰자는 자신의 조에서 아이 — 메시지와 기어 바꾸기 그리고 다시 아이 — 메시지와 기어 바꾸기를 시도하도록 하고 이 과정이 잘 진행되면 3회 이상 동일한 과정이 반복되도록 실습을 진행하라.

⑧ 관찰자는 자기 조에서 진행된 실습 상황을 전체 참가자들에게 간단히 발표한다.

메시지 구성 요령

① 지원자가 읽는 사례를 들으면서 후배상담사는 2 — 3 개의 직면적 아이 — 메시지를 미리 생각해둔다. 그리고 2 — 3분의 준비 시간에 직면적 아이 — 메시지를 메모해둔다.

② 직면적 아이 — 메시지는 선배상담사의 행동, 그 행동이 자신에게 미쳤던 영향 그리고 자신의 감정으로 메시지를 구성한다. 만약 메시지를 정확히 제대로 구성하는 것이 힘들면 감정만이라도 파악하여 보낸다.

③ 걸림돌을 사용하여 적극적 경청으로 기어 바꾸기를 보내는 것에 실패하면 미안하다고 사과하고 다시 적극적 경청을 보겠다고 말하고 적극적 경청으로 다시 시도하라(어색해도 괜찮다. 관찰자에게 적극적 경청의 작성을 도와달라고 부탁하고 천천히 기어 바꾸기를 보내도록 하라).

④ 이상과 같은 요령으로 각 조는 2회 이상 직면적 아이 — 메시지와 기어 바꾸기를 실습한다. 실습을 마친 후 관찰자는 자신의 조에서 실습 결과를 전체 참가자들 앞에서 발표한다.

3 평가 방법(2)

① 각 조에서 첫 번째 직면적 아이 — 메시지를 보내는데 성공하였나?
② 각 조에서는 적극적 경청으로 첫 번째 기어 바꾸기에 성공했는가?
③ 각 조는 첫 번째 기어 바꾸기를 한 후 다시 직면적 아이 — 메시지를 보냈는가?
④ 각 조는 적극적 경청을 통해 두 번째 기어 바꾸기를 성공적으로 보낼 수 있었나?
⑤ 참가자 전체의 질의, 응답에 얼마나 적극적으로 참가하였나?

4 의사소통 사례(2)

2. 따돌림을 당한 후배상담사

나는 사내 고충, 갈등을 처리하는 부서에서 상담업무를 맡고 있는 상담사다. 가정의 달을 맞이하여 우리 회사는 사원 복지 차원에서 '가족 꼼꼼이 강좌'를 무료로 열었다. 그러나 신청 마감기한이 되었는데도 수강생 모집이 잘 되지 않아서, 회사에서는 우리 부서의 상담사들에게도 참여할 수 있는 기회를 부여해 주었다. 나랑 평소 관계가 좋았던 우리 팀 리더상담사인 선배는 회사 방침에 따라서 희망하는 사람들은 지인 1명을 데려와서 꼼꼼이 강좌에 참여하도록 독려했고, 강좌 당일까지 이 사실을 나만 모르고 있었다.

강좌 당일에, 강좌가 진행되는 2시간 동안이나 평소 4명이 운영해도 분주한 상담창구를 혼자서만 맡으라는 지시를 전달받게 된 것이다. 평소 나랑 관계가 좋았던 선배상담사는 내가 신청을 하지 않아서 그렇게 되었다는 말만 되풀이했다. 나는 그런 사실을 전혀 몰랐다고 항의하니 선배는 '모르는 게 더 이상하다'고 했다. 나는 꼼꼼이를 좋아해서 만일에 이 소식을 알았더라면 당연히 나도 신청했을 것이다.

혼자서 2시간동안 창구업무를 맡아야 한다는 부담감 때문에 짜증이 났다. 그러나 그 날은 어쩔 수 없이 참으면서 강좌동안 혼자서 창구업무를 볼 수밖에 없었다. 그 이후 계속 그 일이 마음에 걸리고 선배와 동료들이 나를 무시하고 철저히 이용하고 있다는 것을 깨달았다. 그 이후 나는 그들과는 부딪히지 않으려고 애쓰며 걸어오는 말들도 무시했다. 선배상담사가 내게 그렇게 했다는 것이 너무 분하고 배신감이 들어 일이 손에 잡히지 않았다. 선배는 선배대로 "당신 정말, 언제까지 이럴거야?" "불편해서 도저히 살 수 없잖아!"라면서 신경질을 냈다. 나도 도저히 참을 수 없어서 다음날 아침 출근하자마자 선배에게 전화를 걸어 선배를 직면하기로 결심했다.

5 의사소통 실습 포인트(2)

후배상담사 역할자

① 직면적 아이-메시지를 구성할 때 힘들었던 점은 무엇이었나?

_____

_____

_____

_____

_____

_____

② 선배상담자가 저항을 보였을 때 어떻게 저항을 극복하고 적극적 경청을 보낼 수 있었나?

_____

_____

③ 기어 바꾸기를 할 때 선배상담사에게서 감정의 온도가 내려가는 것을 느꼈나?

_____

_____

_____

_____

_____

선배상담사 역할자

① 후배상담사가 직면적 아이-메시지를 보낸 후 메시지를 듣고 자신에 대해 어떤 생각이 들었나?

_____

_____

_____

_____

_____

② 후배상담사의 직면적 나-메시지를 들은 후 후배상담사에 대해서는 어떤 생각이 들었나?

_____

_____

_____

_____

_____

③ 어떠한 것을 계기로 당신은 후배에게 협조할 생각을 갖게 되었나?

_____

_____

_____

_____

_____

Chapter **03**

고용분쟁과 화해의 활용

서 광 범 공익위원 (경기지방노동위원회)

03 고용분쟁과 화해의 활용

1 연습 목표

　고용분쟁은 분쟁 이후에도 고용관계가 계속 유지될 수 있기에 분쟁과정에서 발생할 수 있는 후유증과 부작용을 최소화할 필요가 있다. 누군가는 이기고, 누군가는 지는 승·패를 가르는 엄정한 판단이 주는 부정적 영향을 감안할 때 '아무리 나쁜 내용의 화해·조정이 가장 훌륭한 판결보다 낫다'는 법언이 의미하는 바와 같이 분쟁당사자가 중심이 되어 자율적 해결을 도모하는 것이 가장 바람직하다 할 수 있다.

　화해 회의는 당사자들로부터 신뢰를 얻어가는 과정이다. 화해 회의를 진행하는 화해인은 분쟁 해결의 주체가 당사자라는 사실을 잊지 말고 당사자들이 진정 원하는 방법으로 문제를 해결하도록 해야 한다. 그러기 위해서는 '내가 먼저 당사자들을 이해시키려 하기 보다는 내가 먼저 상대방을 이해하려는 노력'이 필요하다.

　문제해결에 초점을 맞추는 것에 선행하여 근로자와 사용자 모두에게 유익한 결과를 만들어 낼 수 있고, 적어도 당사자 모두에게 판정이나 판결보다 유익한 결과를 만들어 낼 수 있다는 자기 확신을 갖고 화해 회의에 임하는 것이 중요하다. 화해를 하는 것이 사용자에게는 어떤 유익함이 있고 근로자에게는 어떤 유익함이 있는가에 대한 화해인 스스로 자기 확신이 분명할 때 당사자들과의 대화에서도 힘 있는 설득력으로 당사자들을 양보와 타협의 장으로 이끌어 줄 수 있다.

　이번 시간은 그동안 주 교재에서 학습한 내용을 실제 화해 회의의 현장에서 어떻게 활용할 수 있는가를 실습하는 시간이다. 본문에서 소개된 내용들, 즉 ① 억울한 사람이 없도록 하기 ② 불안한 마음 해소 시켜주기 ③ 위원으로서의 자기관리 ④ 잘 들어주기 ⑤ 방심하지 않기 ⑥ 마지막 1%까지 집중하기 등을 상기하면서 어떻게 하면 당사자 모두가 만족할 수 있는 화해방안을 이끌어 낼 수 있을지 진지한 자세로 실습에 임해보자.

2 진행 방식 및 시간 구성

o **3인이 한 팀으로 각자 역할을 수행**
 ① 화해인 ② 근로자 ③ 사용자

o **연습시간 총 70분**
 ① 사례검토 10분 ② 실습 45분(15분×3개 사례) ③ 강사의 종합평가 15분

① 제시된 3개의 사례 중 각자 1개의 사례를 선택하여 화해인의 역할을 수행한다.
② 1개 사례에 대한 실습이 끝나면 근로자와 사용자의 역할 수행자는 자신의 역할을 수행하면서 화해인에게서 느꼈던 화해인의 진행방식, 태도, 긍정·부정적인 측면, 보완 및 개선사항 등에 대해 피드백을 하되, 특히 화해인이 어떤 말과 행동을 보였을 때 마음이 움직였는지, 이와 반대로 어떤 말과 행동에서 거부감과 저항감이 들었는지 솔직하게 피드백을 해준다.
③ 1개의 사례가 끝나면 역할을 바꾸어서 근로자는 화해인, 사용자는 근로자, 화해인은 사용자의 역할을 수행하는 방식으로, 화해인이 선정한 사례를 가지고 실습을 진행한다.
④ 3인 모두가 ① 화해인, ② 근로자, ③ 사용자의 역할을 한 차례씩 수행하는 것으로 팀별 실습은 종료한다.
⑤ 팀별 전체 실습의 과정이 끝나면 강사는 각 팀으로부터 실습과정에서 가장 어

려웠던 부분은 무엇인지, 어떻게 대화를 풀어나갔을 때 효과적이었는지 등의 발표를 듣고 개선사항, 주의할 점, 종합평가를 하는 것으로 사례실습의 과정을 모두 마친다.

⑥ 실습에 참여하는 역할 수행자는 각자의 역할을 실제 화해 회의의 현장인 듯 자신의 역할을 충실히 수행한다.

3 평가 방법

① 문제해결의 핵심을 충분히 파악하고 회의를 진행하고 있는가?
  <상: 4점, 중: 3점, 하: 2점>

② 화해인의 태도와 언행은 당사자들에게 신뢰를 주고 있는가?
  <상: 3점, 중: 2.5점, 하: 1.5점>

③ 대화를 방해하는 걸림돌을 사용하고 있지는 않은가?
  <상: 2점, 중: 1.5점, 하: 1점>

④ 당사자들의 불편한 감정을 해소시키기 위해 노력하고 있나?
  <상: 2점, 중: 1.5점, 하: 1점>

⑤ 당사자가 저항이나 반감을 표시할 때 대처방식은 적절한가?
  <상: 2점, 중: 1.5점, 하: 1점>

⑥ 공정하고 합리적인 화해(안)을 제시하고 있는가?
  (상호유익의 원칙, 억울한 사람이 없도록 하기)
  <상:3점, 중:2점, 하:1.5점>

⑦ 당사자들이 화해(안)을 수용하지 않을 때 대처 방식은 적절한가?

    <상: 2점, 중: 1.5점, 하: 1점>

⑧ 화해를 성립시키기 위해 정성을 다하고 있는가?

    <상: 2점, 중: 1.5점, 하: 1점>

* 평가는 전체 20점을 만점으로 문항별 배점을 적용하여 최저 10점부터 최고 20
점까지 부여한다.

4 화해 사례(1)

1. 「채용취소」 구제신청 화해 실습사례

    K회사는 상시근로자 70명을 고용하고 있는 제조업체이다. 자재관리를 담당하던 C과장이 퇴사하기로 함에 따라 면접을 통해 그 자리에 근무할 경력직원으로 A의 채용을 결정한다. 근로계약서는 작성하지 않았지만 수행할 업무, 급여, 근로시간, 출근예정일 등 근로조건 전반에 대해 구두로 합의를 한 상태이다.

    그런데 회사에 문제가 생겼다. 퇴사하기로 한 C과장이 갑자기 퇴사 의사를 번복한 것이다. 회사는 퇴사 의사를 번복한 C과장에게는 계속해서 근무하도록 하고, 면접을 통해 선발한 A에게는 문자메시지로 채용을 취소한다는 통보를 하였다.

> "먼저 안 좋은 소식을 전하게 되어 죄송합니다. 이번 채용계획이 회사의 긴급사정으로 취소되어 A님의 채용예정이 취소되었음을 알려드립니다. 더 좋은 회사에 입사하시기를 진심으로 기원합니다."

    이미 전 직장을 사직하고 출근 준비를 하고 있던 A에게는 황당한 상황이 벌어진 것이다. 결혼 후 아기도 출생하여 가장으로서 책임감이 점점 무거워짐을 느끼고 있었다. 하루라도 벌이가 없으면 안 될 정도로 가정경제도 넉넉하지 않은 상황이다. 갑자기 실직자가 된 A는 분하고 억울한 마음에 노동위원회에 부당 채용취소 구제신청을 하였다. 당사자들의 의견을 반영하여 화해 권고 회의가 열렸다.

> "조금만 일찍 통보해 주었어도 전에 다니던 직장을 그만두지 않았을 텐데…
> 출근 예정 바로 전날 채용취소라니 도저히 있을 수 없는 일입니다. 회사는 당초
> 약속한 대로 채용을 하거나, 채용이 불가하다면 적어도 다른 직장을 구할 때까
> 지는 금전 보상이 필요합니다."

신청인 A는 분하고 억울한 심정을 이와 같이 토로하였고, 사용자 대리인 자격으
로 참석한 B전무는 '불가피한 상황'이었으니 이해해 달라고 말하면서 연신 사과를
거듭하고 있다.

귀하가 이 사건의 화해 위원이라면 어떤 방식으로 회의를 진행하고, 어떻게 당
사자 모두가 수용할 수 있는 화해 방안을 도출할 수 있겠는가?

5 화해 연습 포인트(1)

① 문제의 핵심은 무엇이고, 어떻게 회의를 진행할 것인가?

_____

_____

_____

_____

_____

_____

② 화해 성립을 위해 특별히 집중해야 할 대상은 누구인가?

_____

_____

_____

③ 근로자를 설득할 논리는 무엇인가?

④ 사용자를 설득할 논리는 무엇인가?

⑤ 근로자의 불편한 감정을 해소시켜 주기 위해서는 어떻게 해야 할까?

⑥ 어떤 화해(안) 제시할 것인가? 화해(안) 마련의 기준은?

_____

_____

_____

_____

_____

⑦ 처음 제시한 화해(안)을 수용하지 않을 때 적절한 대처방식은?

_____

_____

_____

_____

_____

⑧ 당사자들이 서로에 대한 불편한 감정을 해소하고 원만히 문제를 해결하도록 하기 위한 방안은?

_____

_____

_____

_____

_____

2. 「해고」 구제신청 화해 실습사례

A는 2020년 5월 △△시 취업박람회를 통해 장애인 전형으로 H회사에 입사한 생산직 근로자이다. A의 몸 상태는 육체적으로는 건강하나 인지장애를 가지고 있어 입사당시부터 3년이 넘도록 근로복지지원인 P의 도움을 받으며 근로를 수행하고 있었다.

그런데 문제가 생겼다. 근로복지지원인 P가 개인사정으로 2024. 1. 31.자로 사직을 하게 된 것이다. P의 도움으로 그동안 별문제 없이 근로를 제공해 왔는데 혼자서 직무를 수행하려니 생산제품에 불량이 많이 나서 회사에 손실을 입히는 횟수가 잦아지게 된다. △△시 장애인협회에 근로복지지원인의 도움을 받고자 신청서를 제출했지만 지원자가 없어 당분간 지원은 어렵겠다는 답변뿐이다. 급기야 2024. 4. 30. 공장장 B상무가 근로자 A와 면담을 진행했다.

> "A가 수행하는 생산제품에 불량이 많이 나서 회사 손실이 누적되고 있습니다. 무엇보다 염려가 되는 것은 기계를 다루는 일이어서 사고 위험이 있다는 것입니다. 근로관계를 종료하고 위험하지 않은 일자리를 구해보면 어떻겠습니까?"

권고사직의 의사를 전달받게 된 A는 계속해서 근무를 하고 싶었음에도 '제품에 불량을 많이 내는 것은 엄연한 사실이고, 어쩔 수 없이 사직을 받아들여야 하는가 보다' 생각하고는 계속 근로에 대한 의사도 제대로 표명하지 못한 채 '실업급여를 수급할 수 있도록 해 달라'고 하면서 다음 날부터 출근을 하지 않게 된다.

며칠 후 근처에 사는 형 C가 이 사실을 알고 많이 속상해 하면서 회사 측에 강력히 항의를 하게 된다. 인지능력 장애를 가진 근로자와 보호자의 동의 없이 해고를 하고는 권고사직이라고 하다니 도저히 인정할 수 없다.

> 「1. 이 사건 사용자가 2024. 4. 30. 이사건 근로자에게 행한 해고처분이 부당해고임을 인정하라. 2. 이 사건 사용자는 이 사건 근로자를 원직에 복직시키고, 이 사건 근로자가 해고기간 동안 정상적으로 일했다면 받을 수 있을 임금 상당액을 지급하라는 판정을 구합니다.」

담당조사관이 화해권고 회의 참여에 대한 쌍방의 입장을 확인한 후, 신청인 A와 신청인의 형 C, 회사 측 대리인으로 공장장 B상무가 참석한 가운데 노동위원회에서 화해권고 회의가 열렸다. 신청인 A는 묻는 말에만 간단히 답할 정도로 가타부타 말이 없다. 신청인의 형 C가 있을 수 없는 일, 명백한 부당해고라며 화가 잔뜩 난 상태에서 울분을 토하고 있다. 회사 측 대리인 B상무는"회사는 근로자를 해고한 사실이 없다. 본인과 합의하에 근로관계가 종료된 것이다." 라고 주장하면서 "A가 복직을 해도 수행할 수 있는 일이 없다. 기계를 다루는 일인데 만약에 사고가 나면 어떻게 하겠는가? 원직복직은 절대 안 된다."고 하면서 원만한 해결을 희망하고 있다. 당신이 화해 위원이라면 어떤 화해 방안을 도출해서 이 사건을 원만하게 마무리 할 수 있겠는가?

5 화해 연습 포인트(2)

① 문제의 핵심은 무엇이고, 어떻게 회의를 진행할 것인가?

_____

_____

_____

_____

_____

② 화해 성립을 위해 특별히 집중해야 할 대상은 누구인가?

_____

_____

_____

_____

_____

③ 화가 잔뜩 나서 불편한 감정을 표출하고 있는 A의 형과 어떻게 대화를 풀어나
갈 것인가?

_____

_____

_____

_____

_____

④ 당사자들이 진정으로 원하는 것이 무엇인지 잘 파악하기 위해서는?

_____

_____

_____

_____

_____

⑤ 근로자를 설득할 논리는 무엇인가?

_____

_____

_____

_____

_____

⑥ 사용자를 설득할 논리는 무엇인가?

_____

_____

_____

_____

_____

_____

⑦ 어떤 화해(안)을 제시할 것인가? 화해(안) 마련의 기준은?

_____

_____

_____

_____

_____

_____

⑧ 당사자들이 저항이나 반감을 표시할 때는 어떻게 해야 하나?

_____

_____

_____

_____

_____

_____

⑨ 화해(안)을 수용하지 않을 때 적절한 대처 방식은?

_____

_____

_____

_____

_____

⑩ 당사자들이 서로에 대한 불편한 감정을 해소하고 관계를 회복시켜 주기 위한 화해인의 역할은?

_____

_____

_____

_____

_____

4 **화해 사례(3)**

3. 「전직」 및 「징계」 구제신청 화해실습사례

근로자 A는 P회사의 직원이다. A가 근무하던 S부서가 2년 연속 계획 대비 매출 실적이 크게 저조하자, 회사는 S부서를 폐지하기로 결정하고 본인의 의사와 관계없이 A를 K부서로 전보발령을 한다. 입사 당시 수행하기로 한 직무와 전혀 다른 직무를 수행하게 된 A의 입장에서는 회사가 의도적으로 자신을 괴롭히고 있다는 생각을 지울 수가 없다. 근무환경 또한 S부서와는 천양지차여서 출장업무가 대부분인데다가 출장지에서 귀가하면 오후 8시가 넘기가 다반사다. 출장지 근무환경도 열악하고 직무수행에 불편한 점이 한두 가지가 아니다.

애써 불만을 참고 근무하려니 수시로 치밀어 오르는 울분을 가라앉히기가 힘이 든다. 게다가 동갑내기 팀장은 자신의 의견을 묵살하기 일쑤이고 일방적 지시로 일관한다. 직장 내 괴롭힘으로 수차례 고용노동지청에 진정도 내보았으나 그때마다 혐의 없음으로 종결 처리되어 분하고 억울한 마음을 해소할 길이 없다. 참다못한 A는 입사 당시 회사와 체결한 근로계약서와 다른 직무를 수행하게 되었음을 이유로 노동위원회에 '부당전직구제신청서'를 접수한다.

노동위원회로부터 사건 접수를 통보받은 P회사는 크게 당황한 상태로 '상급자의 지시 불이행, 부적합한 언행, 회계질서 문란'등의 사유로 정직 3개월의 징계처분을 내리게 된다. "전보발령도 억울한데 또다시 정직 3개월이라니…." 회사의 징계처분을 도저히 수용할 수 없었던 A는 "이제 끝까지 간다."는 심정으로 같은 노동위원회에 '부당징계구제신청서'를 접수하게 된다.

수차례의 직장 내 괴롭힘 진정, 부당전직구제신청, 징계처분, 부당징계구제신청'등 당사자 간 법적인 분쟁과 갈등상황이 지속되는 상태에서 과연 근로관계유지가 가능할까?"라는 문제의식을 가진 담당조사관이 화해권고 회의 참여에 대한 쌍방의 입장을 확인한 후, 근로자 A와 회사 측 대리인 B전무가 참석한 가운데 노동위원회에서 화해권고 회의가 열렸다. 노동위원회에서는 부당전직구제신청사건과 부당징계구제신청사건으로 2개의 사건이 별건으로 진행되고 있지만 화해인은 두 사건 모두를 한꺼번에 진행해서 분쟁을 모두 끝내주는 것이 가장 바람직하다.

화해 회의가 열리고 당사자들과 개별면담을 진행하니 서로에 대한 불만이 이만 저만이 아니다. 근로자는 전직명령과 징계가 왜 부당한지, 어떻게 직장내 괴롭힘을 당하고 있는지 등 회사에 대한 불만을 토로하고, 사용자는 근로자의 잘못된 점을 하나하나 열거해 나가면서 전보발령은 부서를 폐지했기에 불가피한 조치였고, 징계조치 또한 절차와 사유 모두 정당했다고 주장을 하고 있다. 당신이 이 사건의 화해위원이라면 어떻게 화해 회의를 진행하고 어떤 결론을 도출할 수 있겠는가?

5 화해 연습 포인트(3)

① 문제의 핵심은 무엇이고, 어떻게 회의를 진행할 것인가?

_____

_____

_____

_____

_____

② 어떤 전략과 화해(안)을 가지고 당사자들을 만나겠는가?

_____

_____

_____

_____

_____

③ 화해 성립을 위해 특별히 집중해야 할 대상은 누구인가?

_____

_____

_____

_____

_____

④ 근로자가 진정으로 원하는 것은 무엇일까?

_____

_____

_____

_____

_____

_____

⑤ 사용자가 진정으로 원하는 것은 무엇일까?

_____

_____

_____

_____

_____

_____

⑥ 근로자를 설득할 논리는 무엇인가?

_____

_____

_____

_____

_____

_____

⑦ 사용자를 설득할 논리는 무엇인가?

_____

_____

_____

_____

_____

⑧ 어떤 화해(안)을 제시할 것인가? 각각의 화해(안) 마련의 기준은?
　- 근로관계를 종료할 경우, 근로관계 유지의 경우

_____

_____

_____

_____

_____

⑨ 당사자들이 저항이나 반감을 표시할 때의 대처방식은?

_____

_____

_____

_____

_____

⑩ 화해(안)을 수용하지 않을 때 적절한 대처 방식은?

_____

_____

_____

_____

_____

⑪ 당사자들이 서로에 대한 불편한 감정을 해소하고 관계를 회복시켜 주기 위해 어떤 노력을 해야 하나?

_____

_____

_____

_____

_____

⑫ 진정한 화해를 통해 갈등구조를 종식시키기 위한 화해인의 역할은?

_____

_____

_____

_____

_____

Chapter 04

직장인 고충해결과 의사소통

윤 광 희 공익위원(충북지방노동위원회)

04 직장인 고충해결과 의사소통

1 연습 목표

　고충처리자가 직장인의 고충해결에서 실패하는 이유는 고충을 접수하거나 고충의 징후를 발견하였지만, 고충내용 파악과 원인분석을 정확하게 하지 않고 대충 건성으로 듣고 넘겨버리거나 고충근로자에게 훈계하려 하기 때문이다. 또 다행히 고충근로자가 적극적으로 고충내용과 원인에 대해 정확하게 말해주어서 알게 되었다 해도 해결책을 일방적으로 제시하거나, 해결책 논의 중에 고충근로자의 의견을 무시하고 무리하게 설득하다가 오히려 갈등을 촉발하기 때문에 고충해결에 실패한다.

　따라서 고충을 성공적으로 해결하기 위해 가장 중요한 것은 "고충내용 파악과 원인분석", "해결책 모색"에 대해 고충근로자와 고충유발 행위자가 공감하고 받아들일 수 있도록 의사소통하는 것이다. 고충내용 파악과 원인분석, 해결책 모색 과정에서의 의사소통을 고충상담이라고 하며, 고충상담을 잘 하기 위해서는 고충처리자가 고충상담에 대한 능력을 갖추어야 한다. 이에 본 연습에서는 고충해결 과정에서 필요한 고충상담능력을 향상시키는 데 학습 목표를 두고 있다.

진행 방식

    연습은 고충상담자, 고충근로자(또는 고충유발 행위자), 관찰자 3명을 한 팀으로 하여 구분하여 3회 실시하고 매회 역할담당과 상황사례를 바꾸어서 연습한다. 고충근로자(고충유발 행위자)와 관찰자는 각 역할 포인트에 따라 역할연기 형태로 진행하기로 하되, 관찰자는 공동 관찰 포인트도 참조하여 관찰하고 피드백을 제공하도록 한다. 고충상담자는 역할 포인트를 참조하여 시트지에 시나리오를 작성하여 진행한다.

    연습 사례는 직무관련 고충, 직장 내 성희롱 고충, 직장 내 괴롭힘 고충 등 3가지이지만 직장 내 성희롱과 직장 내 괴롭힘 고충은 고충근로자와 고충상담, 고충유발 행위자와 고충상담 등을 별개의 상황 사례로 연습하기로 한다. 따라서 각 팀은 5가지 상담 상황 사례 가운데 3가지 상황 사례를 선택하여 연습을 실시한다.

    연습을 실시하기 이전에 학습용 고충상담 동영상을 시청하도록 한다. 동영상 시청을 통해 역할연기 활동의 강조점과 유의점을 익히도록 한다.

    고충상담 첫째 연습내용은 "고충내용 파악과 원인분석"을 위한 상담활동이다. "① 선행단계로서 공감대를 형성한다, ② 경청의 1단계로서 주목과 경청을 한다. ③ 경청의 2단계로서 들은 내용을 요약한다, ④ 경청의 3단계로서 상대의 기분을 인정한다, ⑤ 경청의 4단계로서 상황파악을 위한 질문을 한다" 등을 자연스럽게 연결하여 실행한다.

　고충상담 둘째 연습내용은 "해결책 모색"을 위한 상담활동이다 "① 상대방에게 해결책을 질문하고 경청한다, ② 자신의 입장 설명과 이해관계 중심의 해결책 모색을 한다, ③ 명확한 사후조치사항을 합의한다, ④ 감사의 표시로 상호 인격적인 관계를 형성한다" 등을 자연스럽게 연결하여 연습한다.

　실제 고충상담에서는 두 가지 상담내용이 시간적으로 구분·분리되어 진행되는 것이 아니라 연속해서 이루어지는 것이 일반적이기 때문에 "고충내용 파악 및 원인 분석 상담"과 "해결책 모색 상담"을 자연스럽게 연결하여 진행하도록 한다.

③ 시간 구성

○ **3인이 한 팀으로 각자 역할을 수행**
　① 고충상담자, ② 고충근로자(고충유발행위자), ③ 관찰자
○ **실습시간 총 60분(역할연기 3회)**
　① 사례검토, 역할분담 준비, 동영상 시청 15분
　② 팀별 역할연기 실습 15분(5분×3개 사례)
　③ 팀별 피드백 및 토의 15분(5분×3개 사례)
　④ 강사의 종합평가 15분 (5분×3개 사례)

---

④ 평가 방법

　학습자에 대한 평가는 강사가 직접 관찰할 수 있는 역할분담과 준비, 고충상담 역할연기와 상호 피드백 전체를 토대로 한다. 이렇게 하는 이유는 전체 진행과정에 적극적으로 참여하는 속에서 학습자들이 고충상담자, 고충근로자(고충유발 행위자), 관

찰자 등의 역할을 충실히 수행하면서 고충상담자의 역할을 잘 이해하고 고충상담 역량을 향상시킬 수 있다고 판단하기 때문이다.

강사의 평가는 팀 단위와 개별 팀원들에 대한 평가로 구분하여 실시한다. 팀 단위 평가와 고충근로자(고충유발 행위자) 및 관찰자 평가에서는 적극성과 팀웍을 평가항목으로 한다. 고충상담자에 대해서만 체크리스트에 따라 세부항목별로 평가하기로 한다.

평가는 팀 단위와 개별 팀원 단위 점수를 합한다. 팀 단위 점수는 적극성과 팀웍의 정도에 따라 5 – 30점을 부여한다. 개인별 점수는 개인별 역할에 따라 고충상담자 역할은 25 – 50점, 고충근로자(고충유발자), 관찰자 역할은 각각 5 – 10점 등으로 부여한다. 팀 점수와 개인별 점수 합계가 최대 100점이 되고 최저는 40점이 된다. 60점 이상이 되어야 통과한 것으로 평가한다.

5 고충상담 사례(1)

1. 업무과중과 모범직원 수상 탈락의 고충에 빠진 엘리트 신입사원

A는 11개월 전에 입사한 신입사원이다. 열정적으로 일하는 B팀장에게는 10여 명의 직원들이 있지만 두 번째 막내인 A신입사원이 업무적으로 제일 마음에 든다. 3개월 전부터 입사 5년차 직원들도 하기 어려운 업무를 척척해내는 신입사원이라 B팀장의 마음에 쏙 들었다. 그래서 곤란한 업무들은 거의 다 A신입사원에게 맡기다시피 하였다. A신입사원은 주변 선배들로부터 '그렇게 뼈 빠지게 일 해 보았자 돌아오는 것도 없을 터인데 왜 바보처럼 열심히 하느냐'고 빈정대기도 하는 것을 들었다. 하지만 일을 해결해 내는 것이 재미도 있고 보람도 느끼고 있었기에 묵묵히 열심히 일하였다.

그런데 지난주에 연말 모범직원 시상식에서 자신이 상을 받을 줄 알았는데 누락되었고 오히려 자신보다 소극적으로 게으르게 일하는 입사 3년차인 C선배가 받게 되는 것을 보고 B팀장에게 묘한 배신감이 들었다. 주변 선배들의 말대로 자신에게 돌아오는 것이 없다는 생각에 이용만 당하는가 하는 생각이 들었다. 그런 자신의 감정을 팀장은 알아보지 못하고 팀장은 늘 평소처럼 계속해서 급한 일을 맡기고 있다. 시상식이 있던 날도 급한 일을 시켜서 다 마치고 나니 제일 마지막으로 퇴근하면서 문득 '내가 왜 이렇게 일을 하고 있지?'하는 생각에 슬픈 감정이 밀려왔다.

시상식 이후부터 출근을 평소보다 30분 늦은 거의 업무 시작 전에야 하게 되었고, B팀장에게뿐만 아니라 모든 선배 직원들에게 평소와 달리 다정한 인사를 하지 않고 건성으로 인사를 주고받았다. B팀장은 평소와 같이 다정하게 대하면서 또 다른 급한 업무를 A에게 맡겼는데, 옆에서 지켜보던 3년차 D선배가 바라보면서 뜻 모를 미소를 지었다. B팀장에게 못 하겠다고 말할까 고민도 되었지만 그냥 참고 그날 야근까지 하였다. 시상식 이후부터 힘이 빠지면서 매사 짜증이 나고 일이 손에 잡히지 않는다. 이렇게 계속 직장을 다녀야 하는가? 다시 공부해서 전문직으로 나가야 하는가? 다른 직장을 알아보아야 하나 깊은 고민에 빠져 멍하니 앉아 있는데 B팀장이 퇴근시간에 잠시 차 한 잔 하자고 한다. 이제 눈치를 채고 무슨 말을 하려고 할 것 같은데 아무런 말도 하지 않고 그냥 차만 마시고 집으로 빨리 가고 싶다. B팀장과 마주 앉는 것도 불편하다. 그렇지만 B팀장의 요청을 거부하지 못하고 마주 앉았다.

B팀장은 시상식 있기 이전에 담당 임원에게 A직원의 시상과 관련하여 논의를 하였다. 가장 우수한 직원이지만 다른 직원들의 동기부여와 조직 화합 분위기를 위해 내년에 수상을 검토하기로 결정하였다.

6 고충상담 연습 포인트(1)

(1) 고충근로자의 역할연기 포인트

① 자신의 불편한 감정에 충실하면서 고충상담 초기에 아무런 말을 하지 않고 고충이 없다고 항변한다.

② 고충상담자의 합리적인 공감대 형성에 수동적으로 따른다. 공감대 형성이 되면 부정적인 감정을 적극적으로 표출한다.

③ 공감대 형성이 이루어지면 고충근로자로서 자신의 고충내용과 원인에 대해 적극적으로 표현한다. 일이 너무 힘들고 건강에 문제가 많이 생긴 것 같다고 주장한다. 시상에 누락된 것에 대한 섭섭한 감정은 숨기고 표현하지 않는다.

④ 고충상담자가 상황파악을 위한 질문을 한 이후에 자신의 속마음과 시상에 누락된 것에 대한 섭섭함을 얘기한다.

⑤ 상황파악을 위한 질문에 대한 답변으로 본인의 속마음을 얘기한 이후에 고충상담자가 적극적인 공감을 표현해주게 되면 더 적극적으로 자신의 속마음을 표현한다.

⑥ 고충상담자에게 해결책으로 자신에게 하는 역할만큼 대우해주든지 아니면 업무를 균등하게 다른 사람에게도 맡겼으면 한다는 의견을 개진한다.

⑦ 고충상담자의 공감 경청하는 상담 진행에 공감한 이후에는 긍정적으로 임한다.

(2) 고충상담자의 역할연기 포인트와 시트지

① 감정을 숨기고 아무런 말도 하지 않으려는 고충근로자를 말문을 열게 하는 공감대 형성을 어떻게 할 것인가?

② 공감대 형성 이후에 고충근로자의 섭섭한 감정 표현을 어떻게 공감 경청하고 들은 내용을 요약할 것인가?

③ 고충근로자의 깊은 속마음을 이야기하지 않으면서 표면적인 불편한 감정 표현을 되풀이(일이 많고, 건강이 나빠졌다는 호소)하는 상황을 벗어나기 위한 상황파악을 위한 질문을 어떻게 할 것인가?

④ 해결책에 대한 고충근로자의 의견을 어떻게 물어볼 것인가?

⑤ 자신의 입장을 어떻게 설명하여 고충근로자의 이해를 구할 것인가?

※ 고충상담자의 입장: 급한 일을 잘하는 사람에게 일을 맡길 수밖에 없음. 조직 전체 화합 분위기를 위해 입사 11개월 차인 A신입사원보다 다소 미흡하지만 입사 2년차인 C직원을 모범상 대상자로 하였음. A신입사원은 내년 이후에 수상자로 검토하고 있으며, 경영진에서도 미래 핵심인재로 A신입사원을 인정하고 지켜보고 있음.

⑥ 명확한 사후조치 사항을 어떻게 결정할 것인가?

⑦ A신입사원의 불편한 자신의 속마음을 다 노출한 이후의 어색한 관계를 회복할 수 있는 방안으로 감사의 표현을 어떻게 할 것인가?

구분	활동 내용	사례에서 활동할 사항(시나리오)
선행 단계	공감대 형성을 한다.	
고충내용 파악 및 원인분석	주목/경청한다.	
	들은 내용을 요약한다.	
	상대의 기분을 인정한다.	
	상황파악을 위한 질문을 한다.	
해결책 모색	상대방에게 해결책을 질문하고 경청한다.	
	자신의 입장을 설명과 이해관계 중심의 해결책 모색한다.	
	명확한 사후 조치사항을 합의한다	
	감사의 표시를 한다.	

(3) 관찰자의 관찰 포인트

① 고충상담자가 말을 하지 않으려는 고충근로자와 공감대 형성을 잘 하였는가?

_____

_____

② 고충상담자가 고충내용과 원인분석을 위한 공감경청 활동과 상황파악을 위한 질문을 적절하게 잘하였는가?

_____

_____

③ 해결책 모색과정에서 고충근로자의 의견과 고충상담자의 입장 차이를 잘 설명하고 명확한 사후 조치사항을 잘 합의하는 과정이 자연스러웠는가?

④ 관찰자의 공통 포인트 측면에서 특별히 관찰된 점은 무엇인가?

---

5 **고충상담 사례(2)**

2. 상사의 지나친 업무 지적으로 발생한 직장 내 괴롭힘

종업원 1,500명 규모의 물류유통 회사 입사 3년차 영업기획부서 B직원은 부서장인 A팀장으로부터 직장 내 괴롭힘을 당하고 있다고 생각하고 있다. 입사 10년차인 A팀장은 업무실적을 인정받아서 입사 동기 가운데 가장 빠르게 승진하여 동기와 후배들로부터 부러움을 받아왔다. 회사의 구성원이라면 당연히 자신이 맡은 일을 혼신의 힘을 다해야 하며 퇴근시간이 지나서라도 책임감을 가지고 일하는 것을 당연시하였다. 가끔 후배들이 업무지시에 대해 이것저것 따지듯 하면 "직장생활을 그렇게 하면 안 된다. 어떻게 그렇게 등한히 하고 월급을 받고 승진하고자 하려고 하느냐"하면서 후배들을 나무랐다. 이러한 근무태도는 직원들과 수시로 충돌하는 상황으로 발전하였다. 특히 자유분방한 젊은 B직원은 정반대의 업무 스타일로 받아들이고 자신을 지나치게 업무적으로 집요하게 괴롭힌다고 생각하고 있다.

B직원은 창의적인 아이디어로 사업기획을 잘 해내는 장점이 있지만 입사 3년차인데도 보고서에 오탈자가 많을 뿐만 아니라 근태 또한 다른 직원들에 비해 허점이 많다. 근무시간 중 다른 직원들과 잡담을 하느라 자리를 수시로 비운다. 특히 사내 커플인 여자 동기 D의 자리에 무엇을 갖다주느라 잠시 자리를 비울 때마다 팀장에게 지적을 받았다. B직원은 A팀장이 자신의 일거수일투족을 감시하고 있다는 생각을 하게 되었다. A팀장은 지난 월요일에는 10분 늦게 출근하는 직원 B에게 왜 늦었는지 이유도 묻지 않고 다른 직원들이 보는 앞에서 심하게 막말로 꾸중을 하였다. "이 따위로 근무할 것 같으면 아예 사직하지 뭐하러 다니나! 나 같으면 벌써 몇 번이고 사직했겠다! 어휴 답답해!" 큰 소리로 말하는 바람에 부서의 다른 직원들은 A

를 쳐다보았다. B와 더불어 간혹 꾸중을 듣는 입사 동기 C가 지나가면서 B의 손을 잡아주면서 공감을 표시해 준다. C와 B는 A팀장을 직장 내 괴롭힘으로 신고하는 것을 최근에 수시로 논의하였다.

A팀장은 6개월 전에 B가 작성하여 제출한 보고서의 통계 수치상 오류로 임원에게 가벼운 지적을 받았고, 이후부터 다른 직원들에 비해 B에게는 노골적으로 막말을 더 심하게 하고 업무적으로 지적을 더 강하게 해오고 있다. B는 A팀장이 임원으로부터 지적받은 것은 심각한 문제도 아니고 임원께서 가볍게 지적하고 넘어간 것인데 A팀장이 너무 예민하게 큰 문제로 만들었다고 생각한다. 회사에 큰 손실을 끼친 것도 아닌데 너무 지나치게 나무라고 지적하고 수시로 그 실수를 말하여 속이 상하다. 그러나 A팀장은 자신의 직장생활에 철저하여 상사에게 지적받는 것은 비록 작은 것이라도 용납할 수 없는 입장이다. 특히 그런 실수를 별것이 아닌 것으로 받아들이는 B의 태도가 못마땅하고 반드시 고쳐야 하겠다고 생각한다. 지적할 때마다 전혀 미안해하는 기미도 없이 오히려 인상을 찌푸리는 B에 대해 A팀장은 더 강하게 압박을 하고 있다. 이에 반해 B는 오히려 임원으로부터 지적받게 된 것은 팀장본인도 확인하지 않은 잘못이 있는데도 불구하고 자신만을 지속적으로 나무라고 막말하는 것은 직장 내 괴롭힘이라고 생각하였다. 그동안 참고 견디어 왔던 것을 더 이상 못 참겠다면서 인사팀장인 귀하에게 다른 부서로 A팀장의 인사발령 조치를 요구하는 고충접수를 공식적으로 하였다. 또한 B는 고충접수를 하면서 신속히 인사발령 처리를 하지 않으면 C와 함께 직장 내 괴롭힘으로 노동청에 구제신청을 할 예정이라고 하였다.

귀하는 인사팀장으로서 고충근로자인 B와 고충을 유발한 행위를 한 A팀장을 각각 고충상담하여 고충내용 파악과 원인분석을 하고 모두가 수용할 수 있는 해결책을 마련하고자 한다. 회사 전체적으로 보았을 때 A팀장을 정기 인사 시기가 아닌데 다른 부서로 인사발령을 하는 것은 인사팀으로서도 받아들일 수 없다. 그렇다고 강력하게 직장 내 괴롭힘 사건화 제기를 주장하면서 자신의 고충을 처리해 줄 것을 요구하는 B의 고충을 무시할 수도 없다. 고충처리담당자로서 양 당사자를 우선 고충상담하기로 한다. 고충근로자와 먼저 고충상담을 하고 이어서 고충유발 행위자를 고충상담하도록 한다.

6 고충상담 연습 포인트(2)

A 고충근로자와의 상담 역할연기

(1) 고충근로자의 역할연기 포인트

① A팀장에 대한 불평불만과 직장 내 괴롭힘에 대한 내용을 적극적으로 표현하며, 자신과 C는 도저히 직장 내 괴롭힘 행위에 못 견디겠으므로 빨리 인사조치해 줄 것을 요구한다.

② 고충상담자의 공감대 형성에 수동적으로 따른다.

③ B는 입사 여자 동기인 D와 교제하고 있는데 팀장으로부터 문제가 있는 직원으로 지적받는 것이 D에게까지 전달되어 곤란한 처지에 놓일까 하는 것이 제일 두렵다. 빨리 A팀장과 관계를 정상화하여 문제 직원 이미지에서 벗어나고 싶기도 하다. 그러나 그럴 가능성은 전혀 보이지 않는다.

④ B는 A팀장의 태도나 행동으로 볼 때에 그냥 자신이 문제제기를 하지 않고 따를 경우에는 자신의 약점을 잡아서 자신을 도태시킬 것이라고 판단한다. 그래서 방어하기 위해서라도 강하게 직장 내 괴롭힘 문제를 제기하고자 한다.

⑤ 고충상담자의 고충내용 파악과 원인분석, 해결책 모색이 합리적이라면 수용하고 따르는 것으로 한다.

(2) 고충상담자의 역할연기 포인트와 시트지

① 불편한 감정의 고충근로자의 감정을 해소하여 고충상담이 원활하게 진행되도록 하기 위하여 상담을 어떻게 진행할 것인가?

② 고충내용 파악과 원인분석을 위한 공감경청하는 방법과 심층적인 내용파악 및 원인분석을 위한 상황파악을 위한 질문을 어떻게 할 것인가?

③ 상대방의 의견을 받아들일 수 있을 때와 받아들일 수 없을 때에 자신의 입장

을 어떻게 구분하여 설명할 것인가?

※ 고충상담자 입장: 고충유발자의 다른 곳으로의 인사조치는 정기 인사 시기가 아니기 때문에 불가하다는 입장

④ 고충근로자와 상담자의 입장 사이에서 명확한 사후조치 사항을 어떻게 합리적으로 합의를 이끌어 낼 것인가?

⑤ 고충근로자가 고충해결을 위해 스스로 고충근로자 자신의 행동을 개선해야 할 부분 등 역할분담을 어떻게 고충상담할 것인가?

구분	활동 내용	사례에서 활동할 사항(시나리오)
선행 단계	공감대 형성을 한다.	
고충내용 파악 및 원인분석	주목/경청한다.	
	들은 내용을 요약한다.	
	상대의 기분을 인정한다.	
	상황파악을 위한 질문을 한다.	
해결책 모색	상대방에게 해결책을 질문하고 경청한다.	
	자신의 입장을 설명과 이해관계 중심의 해결책 모색한다.	
	명확한 사후 조치사항을 합의한다	
	감사의 표시를 한다.	

(3) 관찰자의 관찰 포인트

① 고충상담자가 고충근로자와 공감대 형성을 잘 하였는가?

_____

_____

② 고충상담자가 고충내용과 원인분석을 위한 상황파악을 위한 질문을 적절하게 잘 하였는가?

_____

_____

③ 해결책 모색과정에서 고충근로자의 의견과 고충상담자의 입장 차이를 잘 설명하고 명확한 사후 조치사항을 잘 합의하는 과정이 자연스러웠는가?

_____

_____

④ 관찰자의 공통 포인트 측면에서 특별히 관찰된 점은 무엇인가?

_____

_____

B 고충유발 행위자와의 상담 역할연기

(1) 고충유발 행위자의 역할연기 포인트

① A팀장은 B직원의 근무태도가 도저히 이해되지 않으며 잘못된 정신자세를 똑바로 고쳐야 하겠다고 주장한다.

② 근태 불량한 직원들을 인사팀에서 별도 징계를 주든지 해서 복무관리를 제대로 해달라고 요구한다.

③ 고충상담자의 공감대 형성에 수동적으로 따른다.

④ 고충상담자의 고충내용 파악과 원인분석, 해결책 모색이 합리적이라면 수용하고 따르는 것으로 한다.

(2) 고충상담자의 역할연기 포인트와 시트지

① 공감대 형성을 어떻게 할 것인가? 특히 고충유발 행위자와 B직원의 고충에

대해 어떻게 대화를 시작할 것인가?

② 고충유발 행위자의 변명에 대해 어떻게 공감경청을 할 것인가?

③ 고충유발 행위자 자신의 엄격함과 막말이 고충발생에 어느 정도 영향을 미친 점을 자연스럽게 인식하도록 어떻게 상황파악을 위한 질문을 할 것인가?

④ 고충유발 행위자가 해결책으로 요구하는 B에 대한 복무관리 단속과 징계를 요구하는 것에 대해 어떻게 고충상담자로서의 입장을 설명할 것인가?

※ 고충상담자 입장 : 통상적인 범위를 벗어나지 않는 근태 문제로 징계하는 것은 회사 규정상 불가능하고, 지금 시점에서 징계로 대응하는 것은 사태를 더 악화시킬 것으로 판단하고 있음

⑤ 고충근로자와 고충유발 행위자의 충돌을 줄이는 방안을 고충유발 행위자가 스스로 탐색하도록 어떻게 진행할 것인가?

⑥ 고충유발 행위자가 B의 근무태도 개선을 위해 자신의 언행을 개선해야 할 부분과 인사팀에서 지원해야 할 부분 등 역할분담을 어떻게 이끌어 낼 것인가?

구분	활동 내용	사례에서 활동할 사항(시나리오)
선행 단계	공감대 형성을 한다.	
고충내용 파악 및 원인분석	주목/경청한다.	
	들은 내용을 요약한다.	
	상대의 기분을 인정한다.	
	상황파악을 위한 질문을 한다.	
해결책 모색	상대방에게 해결책을 질문하고 경청한다.	
	자신의 입장을 설명과 이해관계 중심의 해결책 모색한다.	
	명확한 사후 조치사항을 합의한다	
	감사의 표시를 한다.	

(3) 관찰자의 관찰 포인트

① 고충상담자와 고충유발 행위자가 고충상담 과정을 자연스럽게 진행하였는가?

_____

_____

② 고충유발 행위자의 불편한 감정을 어떻게 진정시켰는가?

_____

_____

③ 고충근로자의 해결책 요구사항을 고충유발 행위자에게 어떻게 접근하고 이해시키는가?

_____

_____

④ 고충유발 행위자의 해결책에 대한 긍정적인 태도를 어떻게 이끌어 내는가?

_____

_____

⑤ 관찰자의 공통 포인트 측면에서 특별히 관찰된 점은 무엇인가?

_____

_____

3. 상사의 성적 언동에 의한 직장 내 성희롱 고충

A사원은 P사 인재개발원에 근무하는 입사 6개월 차 총무팀 계약직 직원으로 부서 서무와 원장의 일정관리 등 비서업무를 병행하고 있다. 인재개발원 B원장은 회사의 중요 간부 직책을 거쳐서 1년 5개월 전에 부임하였다. B원장은 A사원이 입사한 지 1개월이 지나자 A직원에게 개인적인 심부름을 시키고 이를 잘 이행한 A직원에게 귀엽다면서 다정하게 대하더니 점점 스킨십 정도가 높아지기 시작하였다. A직원도 처음 3개월까지는 다정하게 대해주는 B원장에게 호감을 갖고 생일 선물 등을 하였다. 그러더니 최근 1개월 전에 B원장은 A사원의 생일에 저녁식사를 대접하겠다면서 시내의 식당으로 나오게 하였다. 식당에서 식사를 하면서 애인이 있느냐, 애인하고 잠자리를 해보았느냐 등의 질문을 하여 A직원은 성적인 수치심을 느꼈다. 식사 후 노래방에 가서는 손을 잡으려고 자기 쪽으로 몸을 기울이는 등 스킨십을 하려고 할 때마다 떠밀어내었다.

그날 이후 B원장은 A직원이 원장실에 들어갈 때마다 이상한 눈빛으로 쳐다보면서 손을 잡으려는 등 성적인 수치심을 느끼게 하는 행동을 하였다. 그러나 자신이 계약직 직원이라서 어떻게 할 수도 없는 상황이라서 어쩔 줄 몰라 하고 있는데 자신에게 관심을 표시하는 남자 동료인 C사원이 이를 눈치 채고, 단호하게 거절하라는 충고를 해주었다. 다음날 또다시 B원장이 원장실에서 손을 잡으려는 것을 뿌리치고 뛰쳐나왔다.

A직원은 계속되는 B원장의 행위에 참을 수 없어서 부서 책임자인 D과장(여성)에게 그동안 있었던 B원장의 행태를 이야기 하였다. D과장은 "남자들은 간혹 예쁜 여자들에게 좋아하는 줄 알고 그런 행동을 하니 조심하라고 하면서 절대 다른 곳에 말하지 말라"고 당부하고는 참고 지내라고 하였다. "B원장 임기가 얼마 남지 않았으니 조금만 더 참으면 된다"고 하였다. 이렇게 당하고도 참아야 하는가 하는 생각에 A직원은 속이 상하였다. 성희롱 문제로 제기하더라도 자칫 자신의 문제가 노출되면 회사를 더 이상 다닐 수 없게 될 것 같기도 하여 D과장의 말이 맞는 것 같기도 하였다.

퇴근 시간에 C와 함께 서점에 들러서 책을 살피던 중 ADR제도를 알게 되었고,

회사 외부의 고충처리제도인 "노동위원회 직장인 고충솔루션(직솔)"을 알게 되었다. 그래서 회사 인사팀을 거쳐서 노동위원회에 직솔을 신청하기로 하였다. 다행히 P사는 노동위원회와 직솔 협약을 6개월 전에 맺었었다.

　귀하는 직솔을 담당하는 해당 지방노동위원회의 공익위원이다. A직원과 고충상담을 한 이후에 B원장과 상담을 하기로 하였다. A직원은 절대 비밀로 처리가 되도록 요청하고 B원장을 다른 곳으로 인사조치 해줄 것을 요구하고 있다. 해당 회사의 간부 직원 정기 인사는 6개월 후에 있는 것으로 파악되었다. 직솔 담당 공익위원으로서 고충처리를 하면서 A직원에게 피해가 가지 않도록 철저하게 비밀을 지키면서 해결책을 마련하고자 한다. B원장을 정기 인사 시기도 아니기에 다른 곳으로 인사 발령할 것을 회사에 요청하는 것도 무리이지만 고충근로자가 더 이상 성희롱 피해를 받지 않도록 하는 해결책을 마련하고자 한다. 직솔 공익위원이 확인한 내용으로 A직원 자택에서 가까운 P사 부설 연구소 사무실에 파견근무를 할 자리가 생기게 되었다.

6 　고충상담 연습 포인트(3)

A 　고충근로자와의 상담 역할연기

(1) 고충근로자의 역할연기 포인트

① 자신의 고충상담에 대해 비밀로 되는지 질문하고 철저하게 비밀로 진행해 줄 것을 요청한다.

② 자신의 고충을 적극적으로 이야기하지 않고 상담자의 질문에 수동적으로 답변한다.

③ B원장의 성희롱 행위가 더 이상 일어나지 않기 위해서는 B원장을 인사조치하기를 바란다.

④ 공감 경청하는 고충상담자의 진행에 긍정적으로 수용한다.

(2) 고충상담자의 역할연기 포인트와 시트지

① 비밀노출을 불안해하는 A직원과 공감대 형성을 어떻게 할 것인가?

② 비밀을 원하는 고충근로자에게 어떻게 안심시킬 것인가?

③ 고충해결책에 대해 고충근로자가 거부감이나 반발심이 일어나지 않게 자연스럽게 합리적인 방안을 이끌어 내는 고충상담을 어떻게 진행할 것인가?

④ 직솔 담당 공익위원으로서 상대방과 명확한 사후조치사항을 어떻게 합리적으로 합의를 이끌어 낼 것인가? 구체적으로 사후조치사항은 어떠한 것들이 있을까?

⑤ 고충근로자가 직솔 담당 공익위원을 믿고 감사한 마음을 가질 수 있도록 하기 위해 어떻게 상담을 마무리하여야 할까?

구분	활동 내용	사례에서 활동할 사항(시나리오)
선행 단계	공감대 형성을 한다.	
고충내용 파악 및 원인분석	주목/경청한다.	
	들은 내용을 요약한다.	
	상대의 기분을 인정한다.	
	상황파악을 위한 질문을 한다.	
해결책 모색	상대방에게 해결책을 질문하고 경청한다.	
	자신의 입장을 설명과 이해관계 중심의 해결책 모색한다.	
	명확한 사후 조치사항을 합의한다	
	감사의 표시를 한다.	

(3) 관찰자의 관찰 포인트

① 성희롱 피해자인 고충근로자와 공감대 형성을 잘 하였는가?

_____

_____

② 고충근로자의 비밀 노출에 대한 두려움을 잘 해소하였는가?

_____

_____

③ 고충근로자의 해결책 의견에 대해 적절하게 대응하였는가?

_____

_____

④ 성희롱 고충해결의 특성상 2차 가해행위를 예방하기 위해 사후조치사항에
대해 고충근로자와 어떻게 합의를 잘 이끌어내었는가?

_____

_____

⑤ 관찰자의 공통 포인트 측면에서 특별히 관찰된 점은 무엇인가?

_____

_____

B 고충유발 행위자와의 상담 역할연기

(1) 고충유발 행위자의 역할연기 포인트

① B원장은 처음에는 당황스러운 표정으로 임하다가 자신이 고충유발 행위자로 고충상담을 하는 것에 대해 불쾌한 감정을 표출한다.

② A직원이 귀엽게 행동해서 다정하게 대한 것밖에 없으며 성희롱을 하지 않았다고 강변한다.

③ 고충을 직솔로 신고한 것은 인사팀장과 기관장이 자신을 골탕 먹이기 위한 조치로 이해되며 억울하다고 항변한다.

④ 직솔 고충처리 공익위원이 공감경청을 하면서 고충상담을 이끌어 가는 가운데 점차 자신의 행위가 성희롱으로 비쳐질 수도 있음을 받아들인다.

⑤ 고충상담자의 고충내용 파악과 원인분석, 해결책 모색이 합리적이라면 수용하고 따르는 것으로 한다.

(2) 고충상담자의 역할연기 포인트와 시트지

① 당황하고 곤혹스러워할 고충유발 행위자와 공감대 형성을 어떻게 할 것인가?

② A직원의 고충에 대해 고충유발 행위자에게 어떻게 대화를 시작할 것인가?

③ 고충유발 행위자의 성적인 언동으로 고충이 발생할 수 있음을 자연스럽게 인식하도록 어떻게 상황파악을 위한 질문을 할 것인가?

④ 고충해결책에 대해 고충유발 행위자가 거부감이나 반발심이 일어나지 않게 자연스럽게 합리적인 방안을 이끌어 내는 고충상담을 어떻게 진행할 것인가?

⑤ 성희롱 행위 피해자에 대한 2차 가해행위를 예방하기 위해 고충유발 행위자와 해결책을 합의해 가는 과정에서 어떻게 사후조치사항을 합의할 것인가?

⑥ 고충유발 행위자가 고충근로자와 회사의 인사팀장, 기관장에 대해 긍정적으로 받아들이도록 어떻게 직솔 공익위원으로서 이들을 어떻게 대변할 것인가?

구분	활동 내용	사례에서 활동할 사항(시나리오)
선행 단계	공감대 형성을 한다.	
고충내용 파악 및 원인분석	주목/경청한다.	
	들은 내용을 요약한다.	
	상대의 기분을 인정한다.	
	상황파악을 위한 질문을 한다.	
해결책 모색	상대방에게 해결책을 질문하고 경청한다.	
	자신의 입장을 설명과 이해관계 중심의 해결책 모색한다.	
	명확한 사후 조치사항을 합의한다	
	감사의 표시를 한다.	

(3) 관찰자의 관찰 포인트

① 성희롱 행위자인 고충유발 행위자와 공감대 형성을 잘 하였는가?

_____

_____

② 고충근로자의 고충내용에 대해 고충유발 행위자가 받아들이도록 어떻게 접근하고 이해시키는가?

_____

_____

③ 고충근로자의 해결책 요구사항을 고충유발 행위자에게 어떻게 접근하고 이해시키고 해결책을 마련해가고 있는가?

④ 성희롱 고충해결의 특성상 2차 가해행위를 예방하기 위해 사후조치사항에 대해 고충유발 행위자와 어떻게 합의를 이끌어내었는가?

⑤ 관찰자의 공통 포인트 측면에서 특별히 관찰된 점은 무엇인가?

7 관찰자 공동 관찰 포인트

(1) 고충내용 파악과 원인분석 단계

① 공감대를 형성한다.

   ↳ 내담자를 자연스럽게 맞이하는가?

② 주목하고 경청한다.

   ↳ 경청하는 자세는 진지하며, 반응은 적절한가? (행위와 언어)

③ 들은 내용을 요약한다.

   ↳ 고충의 내용은 정확하게 파악하고 요약하였는가?

④ 상대의 기분을 인정한다.

   ↳ 상대의 기분을 적절하게 인정하였는가?

⑤ 상황파악을 위한 질문을 한다.

   ↳ 고충의 세부사항을 이해하는 데 필요한 사항을 질문하였는가?

↳ 가슴에 숨겨둔 고충을 편하게 얘기할 수 있는 질문을 하였는가?

↳ 그 답변에 대해서도 적극적인 경청을 하였는가?

(2) 고충해결책 모색 단계

① 상대방에게 해결책을 질문하고 경청한다.

　↳ 원하는 해결방안을 물어 보고 답변을 적극적 경청하였는가?

② 자신의 입장을 설명하고 이해관계 중심의 해결책을 모색한다.

　↳ 고충근로자(고충유발 행위자) 의견에 대한 자신의 입장에 대한 설명은 합리적이었는가?

　↳ 진정으로 원하는 바를 합리적이고 정확하게 설명하였는가?

③ 명확한 사후조치사항을 합의한다.

　↳ 상호 진정으로 원하는 바를 달성하기 위한 방안을 합의를 하였는가?

④ 감사의 표시를 한다.

　↳ 감사의 표현은 정중하였으며, 인격적인 교류에 기여하였는가?

Chapter 05

단체교섭의 성공원리

김 용 목 전 학장 (한국폴리텍대학 아산캠퍼스)

05 단체교섭의 성공원리

1 연습 목표

기업현장에서는 노사 간에 수많은 현안문제와 갈등요인이 발생한다. 이를 해결하기 위해 노사 간에 대화와 협상이 필수적이다. 이에 단체교섭을 잘 하기 위한 방법에 대해 이론적으로 학습하였다. 이제 산업현장에서 발생할 수 있는 실제 사례를 중심으로 직접 노사의 역할 연기로 실습해 봄으로써 실제 단체교섭에서 발생할 수 있는 상황을 미리 연습을 통해 단체교섭에 필요한 지식과 기술을 익히고 단체교섭의 생산성을 높일 수 있는 방법을 직접 습득함은 물론 조직 내 갈등해결 및 의사소통능력 향상, 조직문화개선 등 노사 간 협력과 소통을 증진시킬 수 있는 역량을 높이는 데 목적이 있다.

2 진행 방식

이 교재는 단체교섭의 실습을 위한 책이다. 수강생들이 제시된 사례에 대해 직접 모의 교섭을 해봄으로써 협상능력을 향상시키고 강사가 단체협상 실습을 진행하는 데 표준화된 기준 역할을 함으로써 공정한 평가에 도움이 될 것으로 기대한다. 본 과목의 수업시간은 2시간 30분 동안 진행하고 교재에 대한 이론 강의 1시간 30분 실시

후 실습에 1시간을 배정한다. 이론 강의 중에 실습내용을 미리 제시하여 실습의 효율을 높일 수 있도록 한다.

---

o **8인이 한 팀으로 각자 역할을 수행**
  ① 노측 교섭위원 4인, ② 사측 교섭위원 4인

o **연습시간 총 60분**
  ① 교섭실습 준비 5분, ② 교섭회의 10분, ③ 단체교섭 실습 30분,
  ④ 발표 및 토론, 강사 강평15분

전체 실습시간 1시간 중 45분을 교섭 준비부터 교섭 마무리까지 배정하고 나머지 15분은 결과 발표와 토론 및 강평 시간으로 배정한다.
① 교섭실습 준비에 5분을 배정하고 노사 4명씩 사측, 노측 교섭위원으로 나누어 역할을 준다.
② 교섭회의에 10분을 배정하고 노측과 사측은 주어진 교섭 실습과제를 근거로 교섭 시나리오를 짠다.
③ 단체교섭 실습 진행에 30분을 배정하고 노사 양측은 교섭요구안을 제시하고 요구안에 대해 설명한 후 본격적으로 협상 실습에 돌입한다.
④ 발표와 토론에 15분을 배정하고 교섭결과에 대해 조별로 대표 1명이 발표하고 내용에 대해 토론한다.

협상의 실습은 3팀으로 나누어 첫 단체협약체결과 경영난에 빠져있는 노사의 임금교섭, 그리고 단체협약이 해지된 노사의 단체교섭 등 세 가지 실습사례 중 한 가지를 선택하여 한 팀에 8명씩 노사 4명씩 동수로 편성하여 미리 노사교섭위원의 역할을 각각 정하는데 노동조합은 노조지부장, 부지부장, 사무국장, 정책실장으로 역할을 배정하고 사용자 측은 사장, 생산담당 전무, 기술담당 상무, 인사팀장 등으로 역할을 배정한다.

상견례와 노사 각 대표의 인사를 거쳐 교섭 룰을 확정한다. 이어 노측의 요구안과 사측의 제시안을 서로 통보하고 교섭에 임한다. 교섭초기에는 입장중심 교섭태도로, 교섭중반과 후반에는 이해관계중심 교섭태도로 역할연기를 하도록 유도하여 갈등 속에 타협을 이루어내는 실제 단체교섭을 실습한다. 조 편성은 자율적으로 유도하되 여의치 않으면 강사가 배정한다. 일정한 시간 조별로 주어진 과제를 분석하고 이해한 후 실제 단체교섭을 실시하여 합의를 도출하고 결과를 큰 종이에 작성하고 서명한다. 모두가 잘 보이는 곳에 조별 실습결과를 부착하고 조별로 한 사람씩 나와 결과를 발표한다. 발표한 내용에 대해 질문과 토론을 하는 기회를 가진다.

모든 발표 후 전체 총평을 하고 추가적인 질의와 토론을 한다. 단체교섭을 잘하기 위한 본문의 내용들을 참고하여 실습에 임해보자.

③ 평가 방법

학습자에 대한 평가는 강사가 직접 관찰할 수 있는 역할분담과 준비, 단체교섭 역할연기와 상호 피드백 전체를 토대로 한다. 이렇게 하는 이유는 전체 진행과정에 적극적으로 참여하는 속에서 학습자들이 단체교섭 진행상의 역할을 충실히 수행하면서 노동조합 측, 사용자 측 단체교섭 위원의 역할을 잘 이해하고 단체교섭 역량을 향상시킬 수 있다고 판단하기 때문이다. 강사의 평가는 팀 단위와 개별 팀원들에 대한 평가로 나누고, 팀 단위 평가와 개별 팀원 평가 중 1단계 입장중심의 단체교섭의 평가는 전체 팀원 위주로 평가하고, 2단계 이해관계 중심의 단체교섭의 평가는 교섭 대표자에게 가점을 부여한다. 세부적인 사항은 각 사례마다 평가 체크리스트에 따라 실시한다.

팀 평가 항목과 개인평가 항목을 합쳐 10개 평가항목에 대한 체크리스트를 만든다. 총 10개 평가항목에 각 상(2점), 중(1.5점), 하(1점)로 잘하는 순으로 점수를 부여한다. 단체교섭 실습 전체점수는 팀과 개인 점수를 합치면 최고 20점이 된다. 교섭 실습의 총점이 최고 점수의 60% 이상 즉 12점 이상이 되어야 통과한 것으로 한다. 다만 실습불참자는 불합격 처리한다.

* 단체교섭 팀 평가항목

① 노사가 신의 성실한 태도로 교섭에 임하는가?

② 노사 상호 교섭위원 역할에 충실한가?

③ 노측은 회사를 경제공동체로, 사측은 노조를 경영의 파트너로 존중하는가?

④ 교섭위원 간 협력으로 팀웍을 발휘하는가?

* 단체교섭 개인평가항목

① 노사 쌍방의 요구와 주장에 적절하게 대응하는가?

② 대화와 경청을 통한 의사소통으로 노사 입장 차이를 좁혀나가는가?

③ 교섭이 난관에 봉착했을 때 극복아이디어를 강구하는가?

④ 침착함과 인내심으로 교섭의 흐름을 원활하게 하는가?

⑤ 교섭의 효율을 높이기 위해 창의적 대안을 제시하는가?

⑥ 양보와 설득으로 타결의지를 보여주는가?

4 단체교섭 사례(1)

1. 신생노조 최초 단체협약체결

A사는 300명 규모의 글로벌 자동차 전장부품제조 사업장으로 2년 전에 설립되었고 공장을 준공하여 가동한 지는 4개월째이다. 독일 자동차 부품 종합회사에서 자본금 100% 투자한 올해 매출액 6,000억 원을 목표로 하는 A시의 유망 미래 혁신 사업장이다. 향후 지속적으로 투자하여 아시아 핵심 사업장으로 매출액을 2조 원까지 확대할 목표를 가지고 있다. A시의 시장이 다른 시와 경쟁하여 극적으로 유치한 사업장인 만큼 공장 착공식과 준공식에 직접 참석할 만큼 A사에 애정을 가지고 있으며 적극적으로 지원하고자 한다.

A사의 대표이사는 국내 굴지의 자동차 부품회사의 세계적인 엔지니어 출신으로

A사를 세계적인 공장으로 성장시키기 위해 임명되었다. 대표이사는 이직하기 이전에 근무하던 회사에서 노사관계 문제로 어려움을 겪는 것을 보고 노사관계를 안정적으로 이끌고 싶었다. 그러나 전기차 확대로 A사의 시장 수요가 폭발적으로 증가하여 신규 회사로 초기에 매출을 대폭 확대하여 시장 점유율을 확보하는 것이 우선이라는 판단 하에 당초 예상하였던 인원보다 더 많은 인원을 충원하였다. 해외에 있는 자동차 부품의 엔지니어들을 당초 본사와 협의한 인원보다 초과 채용하여 연구 인력을 확보하고 A시 주변 도시의 인재들 중심으로 생산직 인력 또한 초과하여 충원하였다.

본사에서 당초 예상한 총액 인건비에서 많은 인원을 충원하다 보니 개인별 임금 수준이 저하되었지만 초기단계라서 직원들이 이해해 주고 노사문제가 없을 것이라고 생각하였던 것이 오류였다. 동종 업계 대비 특별한 경쟁력 없는 개인별 임금 수준이 노사관계 불만 요인으로 작용하여 사업장을 가동한 지 3개월 만에 생산관리 부문과 생산현장 부문의 의사소통 충돌 문제와 기대 수준에 미치지 못하는 임금 수준에 대한 불만으로 노동조합이 결성되었다. 1주일 사이에 가입 대상 근로자의 80%인 180명이 노동조합에 가입하고 단체교섭을 요구하게 되었다. 조합원들은 국내 최고의 대우를 약속해 놓고 인접 다른 회사보다 오히려 열악한 근로조건, 특히 임금이 이직 전의 회사보다 좋아진 점이 없어서 불만이 폭발하였다. 노동조합 위원장은 경력직으로 입사한 생산직 사원으로 최고의 연장자로서 가장 불만이 많아서 노동조합 결성에 앞장서다 보니 위원장으로 추대 되었지만 노동조합 간부 활동 경력은 전무하여 단체교섭 경험이 없다. 노동조합 위원장은 최초의 단체협약 체결을 하고자 연구 인력과 생산직 인력을 혼합하여 본인 포함 부위원장, 사무장, 조직부장 등 4명의 교섭위원을 선임하였다. 교섭위원들은 거의 교섭 경험이 없는 것으로 파악되었고 인접 노동조합의 단체협약서를 참고로 하여 단체교섭을 진행하기로 하였다.

한편 A사의 대표이사는 매출이 정상궤도에 오르는 2년이 지나면 임금인상 등으로 당초 약속을 지킬 수 있을 것 같은데 노동조합이 결성되어 단체교섭을 요구하는 상황에 직면하여 당황스럽고 혼란스럽다. 독일 본사에도 난처한 상황에 직면하게 되었다. 그래서 복지회관 건립을 2년 뒤로 미루고 그 예산을 인건비에 투입하면 매출액과 영업이익이 당초 예상보다 높게 실적을 달성할 수 있어서 본사에서도 수용할 것 같다. 회사의 간부들 가운데 단체교섭을 경험한 사람이 한 명도 없어서 본인 포함하여 생산담당 전무, 기술담당 상무, 노사협력팀장 등 4명의 단체교섭 위원을 엔지니어 간부 중심으로 선임하였다.

5 단체교섭 연습 포인트(1)

〈노측 교섭위원〉

① 교섭위원은 준비단계에서 가장 우선적으로 무엇을 준비해야 할 것인지를 각 교섭위원별 역할을 부여한다면?

_____

_____

_____

_____

_____

_____

② 교섭위원들이 전체적으로 의견을 정리하여 교섭에 임하여야 할 사항은 무엇인가?

_____

_____

_____

_____

_____

_____

③ 단체교섭 요구사항을 어떻게 정리하는 것이 적절할까?

_____

_____

_____

_____

_____

_____

④ 단체교섭 진행을 위한 규칙이 필요하다면 어떻게 구성하여야 할까?

_____

_____

_____

_____

_____

_____

〈사측 교섭위원〉

① 교섭위원은 준비단계에서 가장 우선적으로 무엇을 준비해야 할 것인지를 각 교섭위원별 역할을 부여한다면?

_____

_____

_____

_____

_____

② 교섭위원들이 전체적으로 의견을 정리하여 교섭에 임하여야 할 사항은 무엇 인가?

_____

_____

③ 단체교섭 진행을 위한 규칙이 필요하다면 어떻게 구성하여야 할까?

④ 사측의 제시안을 어떻게 구성하는 것이 적절할까?

4

단체교섭 사례(2)

2. 경영난에 빠져있는 노사의 임금협약 교섭

A회사는 직원 수 150명의 식품제조 중견기업이고 2000년 5월1일 설립되었다. 설립 이래 지속적으로 성장해 오다가 최근 10년 동안 회사는 치열한 경쟁 하에서 매출이 정체되고 수익성이 악화되어 5년 동안 적자에 어려움을 겪고 있다. 회사는 지난해 신규 개발한 제품이 시장에서 상당히 인기를 얻어서 매출이 늘어나고 수익 구조가 개선되고 있으며, 역점사업으로 신규 개발을 위해 더 투자하고자 지주회사에서 투자자금까지 유치하는 데 성공하며 노사관계가 안정되면 앞으로 회사의 미래가 밝아질 것으로 기대하고 있다. 지난 단체교섭을 난항으로 겨우 극복하였는데 금년의 임금교섭은 어떻게 하면 난관을 극복할 것인가에 관심이 집중되어 있다.

노동조합은 기업별 노동조합이며 조합원은 50명이고 근로자에 대한 처우와 임금수준이 동종업계 선두 기업들에 비해 상대적으로 열악하여 조합원들의 요구사항을 관철시키기 위해 2021년 7월15일 설립되었다. 임금교섭을 7차에 걸쳐 진행하였지만 경영악화에 따른 재정적자 상태의 연속과 신규 투자 등의 이유로 회사 측이 쉽게 요구사항을 들어주지 않아서 임금교섭에 진전이 없다. 노동조합은 그동안 4년간 임금인상을 못한 것에 최소한의 매년 물가상승률 3%를 감안하여 기본급 12%(3%×4년)와 직원들의 사기앙양을 위한 동기부여 명목으로 기본급 3%인상을 포함하여 총 15%의 임금인상을 요구하고 있다.

회사는 아직도 적자상태에 있는 회사 재정상황과 신제품 개발을 위한 투자를 위해 임금인상을 해주기 어렵다며 일단 임금동결을 제시하고 오히려 경영정상화를 위하여 인력감축과 임금삭감 등을 교섭 주요 안건으로 협상에 임하고 있다. 대표이사는 지난해 외부에서 영입된 식품개발 전문가이며 임금교섭에 경험이 없다. 회사는 그 동안 적자상태라서 금융기관의 차입금으로 경영을 유지해 오고 있으며, 이자 금융비용만으로도 경영상의 어려움을 겪고 있다. 의욕적으로 신제품 개발이 모처럼 성공해서 경영여건이 좋아지고 있는데 노사관계가 악화되어 문제가 일어날까 노심초사하고 있다. 단체교섭은 2년 동안 난항을 겪었고 대표이사까지 사임하는 일이 발생하는 속에 노동위원회의 조정으로 겨우 타결이 되었다. 이번 임금교섭이 지난 단체교섭처럼 난항을 겪지 않고 잘 진행하기 위해 여러 가지로 고민을 해왔고 교육에도 참가하였다.

회사 측은 신제품 개발투자 자금을 지주회사로부터 차입해 온 상태이기 때문에 이번 임금교섭에서 지주회사의 회장의 의견을 무시할 수 없다. 또 한편으로 지난해 연말에 출시된 신제품이 시장에서 인기를 몰아가고 있는 시점에 임금교섭의 파국으로 노동조합이 파업을 하게 되면 겨우 경영상황이 호전되는 기회를 사라지게 할 위험에 처하게 된다. 향후 경영성과가 좋아지면 그에 따라 임금인상의 여력이 생기기 때문에 노동조합이 양보해 주기를 바라지만 노동조합 또한 4년째 임금이 동결되어 최저임금 수준의 임금을 대폭 인상해달라고 요구하고 있다. 회사에서는 임금교섭에서 기본급 인상은 최저임금 위반 문제가 있기 때문에 3%만 인상하고 파업 없이 타결되기를 원하고 있다. 이에 반해 노동조합은 회사가 신제품 출시 때문에 파업을 무기로 회사의 양보를 최대한 얻어내고자 한다.

5 단체교섭 연습 포인트(2)

〈노측 교섭위원〉

① 교섭위원은 준비단계에서 가장 우선적으로 무엇을 준비해야 할 것인지를 각 교섭위원별 역할을 부여한다면? 회사의 재정상태 및 실적과 산업평균 임금수준과 물가상승률, 동종업계 교섭결과 등

② 교섭위원들이 전체적으로 의견을 정리하여 교섭에 임하여야 할 사항은 무엇인가? 교섭의 목표와 전략을 수립하는가?

_____

_____

_____

_____

_____

_____

③ 임금교섭 요구사항을 어떻게 정리하는 것이 적절할까? 우선순위는?

_____

_____

_____

_____

_____

_____

④ 요구안과 의견차이가 클 경우 중재안을 제시하는가?

_____

_____

_____

_____

_____

_____

⑤ 교섭에 진행이 어려울 때 외부 중재기관의 도움을 청하는가?

_____

_____

_____

_____

_____

〈사측 교섭위원〉

① 교섭위원은 준비단계에서 가장 우선적으로 무엇을 준비해야 할 것인지를 각
   교섭위원별 역할을 부여한다면? 회사의 현금흐름과 예산분석, 최근의 재무
   제표 검토 등

_____

_____

_____

_____

② 교섭위원들이 전체적으로 의견을 정리하여 교섭에 임하여야 할 사항은 무엇
   인가? 동종업계 임금수준조사, 경제동향 및 물가분석

_____

_____

_____

_____

③ 임금교섭 진행을 위한 규칙이 필요하다면 어떻게 구성하여야 할까? 교섭목 표와 한계설정

_____

_____

_____

_____

_____

④ 사측의 제시안을 어떻게 구성하는 것이 적절할까? 노조 요구사항에 대한 양 보 가능한 사항 결정

_____

_____

_____

_____

_____

⑤ 노조의 중재 요청 시 법적 자문과 중재절차 준비는?

_____

_____

_____

_____

_____

4 단체교섭 사례(3)

3. 단체협약 해지된 회사 노사의 단체교섭 사례

A사는 500명 규모의 자동차부품제조 사업장으로 5년째 임금 동결 중에 있으며 4년째 단체교섭 중에 있다. A사는 5년 전부터 적자가 지속되고 있으며 노사 간에 갈등으로 노사분규를 겪어 왔다. 적자에 따른 직원 급여 등의 비용을 본사에서 차입금으로 겨우 충당해오고 있다. 차입금액이 430억 원에 이르고 있으며, 차입금에 따른 이자 비용 또한 매년 늘어나고 있다. 매출액은 2021년 600억 원, 2022년 500억 원, 2023년 490억 원으로 매년 줄어들고 있다. 인건비는 매출액의 대비 매년 높아져서 2023년에는 98억 원으로 20%에 이르고 있다.(동종업계 인건비 비중 15% 초과하면 경쟁력 상실)

노동조합은 조합원이 390명(가입률 82%)인데 10년 전부터 줄어들다가 최근에 매출이 급감해 고용불안이 야기되면서 조합원이 지난해 310명(가입률 66%)보다 늘었다. 4년째 단체교섭을 진행하면서 노사갈등을 겪는 과정에서 사측이 단체협약을 해지하여 6개월 전에 단체협약 효력이 상실되었다. 노동조합은 전임자가 없는 상황에 단체교섭을 진행하여야 하는 점과 조합비 공제가 급여에서 이루어지지 않아서 노동조합 활동과 재정운영상 어려움을 겪고 있다. A사 경영진은 기존의 단체협약에 징계위원회 노사동수 구성, 1년간 조합원 유급 교육시간 2일, 쟁의행위 기간 중 조합원 신분보장, 퇴직 조합원 자녀 우선 채용 등 인사경영권을 침해하는 조항이 많기 때문에 단체협약을 해지할 수밖에 없었다고 주장한다.

한편 노동조합은 그 동안 경영진이 그룹지주사를 이용해 실익만 챙기고 투자를 하지 않아서 매출액이 줄어들고 경영상의 어려움이 야기되었다고 주장한다. 단체협약을 해지하여 노동조합을 무력화시키기 위한 A사의 경영진의 지침이 있었다고 주장하며, 단체협약 해지에 반발하고 있다. 노사관계가 갈등을 지속하자 단체협약을 해지한 사장은 사임하고, 그 이후에 임명된 사장도 단체교섭을 첫 회 시작하고 난 이후 바로 사임하는 등으로 단체교섭은 새로운 사장의 교체 등으로 제대로 진행되지 못하고 있다. 이에 노동조합은 A사 경영진이 노동조합과의 단체교섭을 피하기 위해 사장을 교체하고 있다고 주장하며, A사 경영진을 대상으로 단체교섭 당사자 신청을 하였다. 노동위원회에서는 정관이나 기존의 단체교섭 관행 등을 볼 때에 사장이 단체교섭 담당자로 보아야 한다고 판정하였다.

새로 보임한 사장은 의욕적으로 노사관계 정상화를 위해 노력하고자 노동조합 간부들과 수시 소통하고 있다. 다만 경영상 어려운 사정을 감안하지 않고 투쟁위주로 노동조합 활동하는 것과 인사경영권 침해 소지가 많은 단체협약 내용을 혁신하지 않고는 매년 적자인 상황에서 더 이상 뒤로 물러설 곳이 없다고 보고 있다. 노사관계를 새롭게 혁신하여 경영정상화와 노사관계를 안정적으로 이끌고자 하는 취지는 노동조합도 인정하고 있다.

5 단체교섭 연습 포인트(1)

〈노측 교섭위원〉

① 교섭위원은 준비단계에서 가장 우선적으로 무엇을 준비해야 할 것인지를 각 교섭위원별 역할을 부여한다면?

_____

_____

_____

_____

_____

② 교섭위원들이 전체적으로 의견을 정리하여 교섭에 임하여야 할 사항은 무엇인가?

_____

_____

_____

_____

③ 단체교섭 요구사항을 어떻게 정리하는 것이 적절할까?

④ 단체교섭 진행을 위한 규칙이 필요하다면 어떻게 구성하여야 할까?

〈사측 교섭위원〉

① 교섭위원은 준비단계에서 가장 우선적으로 무엇을 준비해야 할 것인지를 각 교섭위원별 역할을 부여한다면?

② 교섭위원들이 전체적으로 의견을 정리하여 교섭에 임하여야 할 사항은 무엇인가?

_____

_____

_____

_____

_____

③ 단체교섭 진행을 위한 규칙이 필요하다면 어떻게 구성하여야 할까?

_____

_____

_____

_____

_____

④ 사측의 제시안을 어떻게 구성하는 것이 적절할까?

_____

_____

_____

_____

Chapter 06

노동분쟁 조정과 중재

김 학 린 교수 (단국대학교)

06 노동분쟁 조정과 중재

\<A대학교 임금협약 관련 조정\>

1 연습 목표(1)

- 임금협약 관련 노동위원회의 조정신청 사건을 전제로 실습을 진행한다.
- 노동위원회 조정은 통상 양자 협상에 대한 조정으로 조정인(조정위원회) 선정 및 조정에 참여하는 이해관계자, 회의 규칙 등 조정 테이블을 설정하는 방식이 일정 정도 정형화되어 있다.
- 노동위원회에 조정을 신청하기 전에 노사 쌍방은 자율적 노사협의를 통해 상호 간에 이해 관심사를 어느 정도 파악하고 있는 상태이지만, 노사협상이 결렬된 상황으로 상호 간 감정은 좋지 않은 상태라 할 것이다.
- 사례 1은 상대적으로 높은 제도적 특성을 갖고 있는 노동위원회의 양자 간 조정에 대해 실습하는 것을 목표로 한다.

2 시간 구성(1)

- 이 사례는 노동위원회의 본 조정을 전제로 구성되어 있으며, 주어진 실습 시간에 따라 강사가 실습 내용의 범위를 조정할 수 있도록 구성되어 있다.

o **8인이 한 팀으로 각자 역할을 수행**
 ① 조정인(3인), ② 조사관(분석관), ③ 노동조합(2인), ④ 사용자(2인)
    * 단, 조정인을 1인으로 설정 가능

o **연습시간 총 60분**
 ① 실습소개: 강사의 진행개요 소개
 ② 조 편성 및 역할분담: 8인 1조
    〈1라운드 조정 테이블 설정〉
 ③ 일반개요 설명: 강사가 모든 수강생에게 실습의 공통상황을 설명
    – 일반개요를 배포하거나 화면으로 볼 수 있도록 설치
 ④ 역할보고서 배포 및 전략수립: 각각의 역할에 따른 보고서 배포
    – 각 수강생은 각자 역할에 따른 조정 및 협상전략을 수립
 ⑤ 조정실습: 조별실습 진행
 ⑥ 디브리핑(debriefing): 실습종료 후 조별, 개인별 경험, 느낌, 얻은 통찰에 대한 소감
    발표, 개별 의문사항 질의
 ⑦ 강사 코멘트: 핵심 교훈사항 전달
 ⑧ 총정리: 전체 과정에 대한 총평 및 소감
    * 조정 실습의 범위나 쟁점은 주어진 시간에 따라 조정함

3 평가 방법(1)

- 평가와 관련하여 이 과정에서의 핵심은 '디브리핑'으로 이를 통해 수강생들은 서로의 경험과 느낌을 공유하고 통찰력을 얻을 수 있으며, 각 역할을 담당한 개개인에 대한 평가는 물론 실습 자체에 대한 평가나 개선점의 제기도 가능하다.
- 각 팀원의 선정을 통한 각 팀별 우수 조정인 및 이해관계인 선정도 가능하다.
- 통상 강사는 교육생의 긍정적 발전에 주목하여 이를 촉진하는 피드백을 활용한다.
- 사례 1의 모의 실습은 단계별로 수행해야 할 업무가 제대로 수행하였는가에 초

점을 맞추어 평가한다. 구체적으로 평가는 다음과 항목을 중심으로 진행된다.

① 실습 구성원들이 각자의 역할에 얼마나 몰입하였는가?

② 교원 관련 조정절차에 대한 충분한 설명과 공유는 이루어졌는가?

③ 조정과정에서 당사자 사이에 존재하는 쟁점이 충분히 노출되고 공유되었는가?

④ 쟁점의 우선순위와 쟁점 이면에 존재하는 실익(이해관계)은 파악하였는가?

⑤ 이해관계자는 스스로가 설정한 목표에 부합되는 언행과 태도를 일관성있게 유지하고 있는가?

⑥ 공동회의와 개별회의를 적절히 활용하여 조정을 진행하였는가?

* 평가점수는 각 항목당 3−5점이 배정되며, 평가는 20점을 만점으로 하여 위 항목을 근거로 평가하며, 최저 12점부터 최고 20점까지 부여한다.

4 조정과 중재 사례(1)

1. A대학교 임금협약 관련 조정

사용자는 학교법인 A학원이고 근로자 수 1,250명이다. 노동조합은 A대학교 비정년트랙 전임교원들이 중심이 되어 구성되었으며, 2021년 3월에 설립되었다. 조합원 수는 45명이다. 교섭신청노조인 노동조합 외에 총 4개 노조가 존재하는 복수노조 사업장이다.

A대학교 비정년트랙전임교원노동조합이 2022년 3월 교섭대표노동조합으로 확정되었다. 그 후 교섭대표 노동조합과 A대학교 간에 총 10차례에 걸쳐 임금교섭을 실시하였으나, 임금에 대한 이견을 좁히지 못하고 2023년 2월 노동위원회에 조정을 신청한 사례이다(노동위원회에 처음으로 조정을 신청한 사업장이다)

노동조합 측은 임금인상 12%(7년간 임금동결에 대한 보상 차원), 2년마다 재계약 시 임금인상분(현재 120만 원) 증액, 정년트랙 교수들에게만 지급하는 수당(급량비, 명절휴가비, 가족수당, 자가운전보조급) 중 일부 수당에 대해 지급을 요구하였다.

사용자는 등록금 동결 등 재정상의 어려움, 대학교 내 타 직종의 임금동결(타 직종 노동조합 2곳과 이미 임금동결에 합의함), 지역 내 타 대학과의 비교우위 등을 들어 임금동결을 주장하였다. 대신, 학령인구 감소로 인한 대학 구조조정 시 고용보장, 교육부 보조금 사업 등 연구 및 용역 사업 참여 시 인센티브 제공, 초과 강의료 인상(시간 당 일 만 원 증액) 등을 제시하였다.

　　A대학교는 매출액, 근로자 수 등에서 지속적으로 감소하고 있는 반면, 인건비 비율은 지속적으로 증가하고 있는 추세에 있으나. 대학 적립금은 비교적 여유가 있는 상태이다.

　　교원노조법상 교원 관련 노동쟁의 사건은 조정이 성립되지 못하면, 노동조합에게 파업권을 주지 않는 대신 중재에 회부하여 쟁의를 종결하도록 하고 있다(물론 중재 결과는 소송의 대상이 될 수 있다). 따라서 중앙노동위원회는 조정의 연속선상에서 중재를 바라보게 되는바, 조정 진행 시 중재 결과를 염두에 둘 수밖에 없고, 중재도 조정 진행 과정과 결과를 바탕으로 진행할 수밖에 없다.

** 조정 실습 시 조정 참여자에게 각각의 역할과 입장을 담은 개별 보고서를 배포할 예정임.

5　조정과 중재 연습 포인트(1)

① 교육생은 개별 보고서 상 자신의 이해관계를 정확히 파악하고 그에 부합하는 주장과 행위를 하는 것이 매우 중요하다.

– 실제 협상 및 조정 시뮬레이션에서 자신의 이해관계를 잘못 파악하여 자신의 이해관계에 반하는 주장이나 요구를 하는 것이 종종 발견된다.

② 한편 서로 상충되는 주장을 하는 이해당사자의 이해관계를 파악하여, 관여된 이해관계자들이 이해관계를 동시에 충족하거나 그것이 불가능하다면 공정하게 양보하는 절충안을 수립하는 것이 매우 중요하며 교육생은 이점에 대해 항상 점검할 필요가 있다.

_____

_____

_____

_____

_____

_____

\<B엔지니어링 단체협약 조정사례\>

1 연습 목표(2)

- 노동위원회에 단체협약 관련 조정신청 사건을 전제로 실습을 진행한다.
- 노동위원회에 조정을 신청하기 전에 노사 쌍방은 자율적 노사협의를 통해 상호 간에 이해관심사를 어느 정도 파악하고 있는 상태이지만, 노사협상이 결렬된 상황으로 상호 간 감정은 좋지 않은 상태라 할 것이다.
- 사례 2는 노동조합이 설립된 이후 처음으로 진행한 단체협약 체결을 위한 교섭이 결렬되어 노동위원회에 조정을 신청한 사건으로 당해 사건 조정위원회의 리더십이 중요하다는 관점에 조정을 실습하는 것을 목표로 한다(최초의 단체협약 체결을 위한 교섭으로 사용자나 노동조합 모두 교섭에 대한 기본적인 rule setting이 되어 있지 못한 상황이다).

2 시간 구성(2)

- 이 사례는 노동위원회의 본 조정을 전제로 구성되어 있으며, 주어진 실습 시간에 따라 강사가 실습 내용의 범위를 조정할 수 있도록 구성되어 있다.

---

o 8인이 한 팀으로 각자 역할을 수행
  ① 조정인(3인), ② 조사관(분석관), ③ 노동조합(2인), ④ 사용자(2인)

o 연습시간 총 60분
  ① 실습소개: 강사의 진행개요 소개
  ② 조 편성 및 역할분담: 8인 1조
     〈1라운드 조정 테이블 설정〉
  ③ 일반개요 설명: 강사가 모든 수강생에게 실습의 공통상황을 설명
     – 일반개요를 배포하거나 화면으로 볼 수 있도록 설치
  ④ 역할보고서 배포 및 전략수립: 각각의 역할에 따른 보고서 배포
     – 각 수강생은 각자 역할에 따른 조정 및 협상전략을 수립
  ⑤ 조정실습: 조별실습 진행
  ⑥ 디브리핑(debriefing): 실습종료 후 조별, 개인별 경험, 느낌, 얻은 통찰에 대한 소감 발표, 개별 의문사항 질의
  ⑦ 강사 코멘트: 핵심 교훈사항 전달
  ⑧ 총정리: 전체 과정에 대한 총평 및 소감
     * 조정 실습의 범위나 쟁점은 주어진 시간에 따라 조정함

---

3 평가 방법(2)

- 평가와 관련하여 이 과정에서의 핵심은 '디브리핑'으로 이를 통해 수강생들은 서로의 경험과 느낌을 공유하고 통찰력을 얻을 수 있으며, 각 역할을 담당한 개개인에 대한 평가는 물론 실습 자체에 대한 평가나 개선점의 제기도 가능하다.
- 각 팀원의 선정을 통한 각 팀별 우수 조정인 및 이해관계인 선정도 가능하다.
- 통상 강사는 교육생의 긍정적 발전에 주목하여 이를 촉진하는 피드백을 활용한다.
- 사례 2의 모의 실습은 조정 단계별로 수행해야 할 업무가 제대로 수행하였는가에 초점을 맞추어 평가한다. 구체적으로 평가는 다음과 항목을 중심으로 진행된다.
  ① 실습 구성원들이 각자의 역할에 얼마나 몰입하였는가?
  ② 조정절차에 대한 충분한 설명과 공유는 이루어졌는가?
  ③ 조정과정에서 당사자 사이에 존재하는 쟁점이 충분히 노출되고 공유되었는가?
  ④ 쟁점의 우선순위와 쟁점 이면에 존재하는 실익(이해관계)은 파악하였는가?
  ⑤ 이해관계자는 스스로가 설정한 목표에 부합되는 언행과 태도를 일관성 있게 유지하고 있는가?
  ⑥ 공동회의와 개별회의를 적절히 활용하여 조정을 진행하였는가?
  * 평가점수는 각 항목당 3－5점이 배정되며, 평가는 20점을 만점으로 하여 위 항목을 근거로 평가하며, 최저 12점부터 최고 20점까지 부여한다.

4 조정과 중재 사례(2)

2. B엔지니어링 단체협약 조정사례

A엔지니어링은 연 매출 5조, 영업이익 3,000억 창출을 목표로 1,500명의 구성원으로 2021년 기존의 회사에서 물적분할을 통해 설립되었고, 현재는 종업원이 약 1,800여 명인 회사로 성장하였다.

노동조합은 21년에 설립되었고, 현재는 조합원이 500여 명이고, 회사에 단체협약 체결을 위한 교섭을 요구하였으나 노조 전임자조차 인정받지 못하는 등 최초의 단체협약을 체결하지 못하고 있는 상황이다.

지금까지 23차에 걸친 단체교섭(21년 8월부터 23년 5월까지)을 진행하면서 조합에서 요구한 사안 어느 하나라도 제대로 합의된 것이 없다고 조합은 판단하고 있다. 단체협약에서 잠정 합의된 사항은 모두 취업규칙이나 회사 가이드 라인에 들어 있는 것들이다. 단체협약 체결에 진전이 없자 2023년 6월에 상급단체에 교섭 권한 일체를 위임하고 노조는 1인 시위에 돌입하기도 하였다.

사용자는 지금까지 근로시간면제 한도는 2,000시간으로 하고, 회사 내에 사무실이 부족하니 회사 밖에 조합 사무실을 마련해 주겠다는 안은 제시하였을 뿐이다. 여타의 쟁점 사항에 대해서는 노사 간 의견 차이가 매우 큰 상황으로 점진적으로 좁혀 나가고 있는 중이라고 인식하고 있다.

이에 노동조합은 최초의 단체교섭이 미체결된 상태에서 24년 1월 중앙노동위원회에 조정을 신청하였다. 노동조합은 미합의 쟁점 사항으로 ▲ 임금피크제, ▲ 공동연차 개수 조정, ▲ 임금체계 개선, ▲ 경영성과급 지급 기준 협의(영업이익 15%), ▲ 임금교섭 실시, ▲ 근로면제자 한도시간(최소 4,500시간 요구), ▲ 노동조합 사무실 회사 내 제공 등을 제시하면서 이에 대해 조정을 받고자 한다.

사용자는 노사 자율적으로 단체협약을 체결할 의지가 있으며, 아직까지 다수의 쟁점에 대해 충분한 협의가 진행되지 못한 상태로 시간이 더 필요하다는 입장이다.

당해 사건에 대해 조정위원회가 도출할 수 있는 조정 결과는 행정 지도, 조정 중지, 일반 취하, 합의 취하, 조정불성립, 조정성립 등이 있을 수 있는바, 조정위원회는 이러한 결과를 유념하여 조정을 임하게 되었다.

** 조정 실습 시 조정 참여자에게 각각의 역할과 입장을 담은 개별 보고서를 배포할 예정임.

5

조정과 중재 연습 포인트(2)

① 교육생은 개별 보고서 상 자신의 이해관계를 정확히 파악하고 그에 부합하는 주장과 행위를 하는 것이 매우 중요하다.

– 실제 협상 및 조정 시뮬레이션에서 자신의 이해관계를 잘못 파악하여 자신의 이해관계에 반하는 주장이나 요구를 하는 것이 종종 발견된다.

_____

_____

_____

_____

_____

_____

② 한편 서로 상충되는 주장을 하는 이해당사자의 이해관계를 파악하여, 관여된 이해관계자들이 이해관계를 동시에 충족하거나 그것이 불가능하다면 공정하게 양보하는 절충안을 수립하는 것이 매우 중요하며 교육생은 이점에 대해 항상 점검할 필요가 있다.

_____

_____

_____

_____

_____

_____

<기업 거버넌스 관련 조정 실습>

1 연습 목표(3)

- 노동위원회의 공적 조정은 주로 양자 협상에 대한 조정으로 조정인(조정위원회) 선정 및 조정에 참여하는 이해관계자, 회의 규칙 등 조정 테이블을 설정하는 방식이 일정 정도 정형화되어 있다.
- 그에 비해 최근 늘어나는 노사 간의 사적 조정은 다양한 이해관계자가 참여할 수 있고 조정 테이블의 구성도 회의의 소집권자나 조정인이 심혈을 기울여 직접 구성해야 하며, 따라서 여러 가지 형태로 조정 테이블의 설정이 가능하다.
- 여기서는 소위 '조정협의체(상생협의체)'로 불리는 다자간 합의 형성에 대한 사적 조정을 실습함으로써 조정 테이블의 설정 및 다자간 조정에 대해 실습하는 것을 목표로 한다.

2 시간 구성(3)

- 이 사례는 총 2차례 조정 실습으로 구성되어 있으며, 주어진 실습 시간에 따라 강사가 실습 내용의 범위를 조정할 수 있도록 구성되어 있다.
  - 1라운드 조정 : 조정 테이블 설정 관련
  - 2라운드 조정 : 쟁점에 대한 합의 형성 관련

o 8인이 한 팀으로 각자 역할을 수행
  ① 조정인(3인), ② 조사관(분석관), ③ A시(市) 담당자(국장),
  ④ A시 문화관광재단 사측(대표이사),
  ⑤ A시 문화관광재단 노동조합(위원장),
  ⑥ A시 도시개발공사 기획처장 * 단, 조정인을 1인으로 설정 가능

o 실습시간 총 60분
  ① 실습소개: 강사의 진행개요 소개
  ② 조 편성 및 역할분담: 8인 1조

〈1라운드 조정 테이블 설정〉
  ③ 일반개요 설명: 강사가 모든 수강생에게 실습의 공통상황을 설명
    – 일반개요를 배포하거나 화면으로 볼 수 있도록 설치
  ④ 역할보고서 배포 및 전략수립: 각각의 역할에 따른 보고서 배포
    – 각 수강생은 각자 역할에 따른 조정 및 협상전략을 수립
  ⑤ 조정실습: 조별실습 진행
  ⑥ 디브리핑(debriefing): 실습종료 후 조별, 개인별 경험, 느낌, 얻은 통찰에 대한 소감
    발표, 개별 의문사항 질의
  ⑦ 강사 코멘트: 핵심 교훈사항 전달

〈2라운드 조정 테이블 설정〉
  ⑧ 일반개요 설명: 조정이 몇 차례 진행되어 실질적 쟁점에 대한 합의형성단계로 접어들
    었다고 가정하고 실습 진행(그 외 1라운드와 동일)
  ⑨ 역할보고서 배포 및 전략수립: 각각의 역할에 따른 보고서 배포
    – 각 수강생은 각자 역할에 따른 조정 및 협상전략을 수립
  ⑩ 조정실습: 조별실습 진행
  ⑪ 디브리핑(debriefing): 실습종료 후 조별, 개인별 경험, 느낌, 얻은 통찰에 대한 소감
    발표, 개별 의문사항 질의
  ⑫ 강사 코멘트: 핵심 교훈사항 전달
  ⑬ 총정리: 전체 과정에 대한 총평 및 소감
    * 조정 실습의 범위나 쟁점은 주어진 시간에 따라 조정함

3 평가 방법(3)

- 평가와 관련하여 이 과정에서의 핵심은 '디브리핑'으로 이를 통해 수강생들은 서로의 경험과 느낌을 공유하고 통찰력을 얻을 수 있으며, 각 역할을 담당한 개 개인에 대한 평가는 물론 실습 자체에 대한 평가나 개선점의 제기도 가능하다.
- 각 팀원의 선정을 통한 각 팀별 우수 조정인 및 이해관계인 선정도 가능하다.
- 통상 강사는 교육생의 긍정적 발전에 주목하여 이를 촉진하는 피드백을 활용한다.
- 주요 평가 항목은 다음과 같다.
  ① 실습 구성원들이 각자의 역할에 얼마나 몰입하였는가?
  ② 실습 구성원들이 핵심 쟁점을 정확히 파악하고 있는가?
  ③ 당사자들의 욕구 충족과 상호 이익을 염두에 두고 회의를 진행하는가?
  ④ 조정인의 언행과 태도, 진행 방식이 당사자들에게 신뢰를 주고 있는가?
  ⑤ 이해관계자는 스스로가 설정한 목표에 부합되는 언행과 태도를 일관성있게 유지하고 있는가?
  * 평가는 20점을 만점으로 하여 위 항목을 근거로 평가하며, 최저 12점부터 최 고 20점까지 부여한다.

4 조정과 중재 사례(3)

3. 기업 거버넌스 관련 조정 실습(1) - 조정테이블 설정관련

A시 문화관광재단(이하 문화관광재단)는 수년간 누적된 적자로 인해 행정안전부의 부실공기업 지정에 해당될 위험성에 직면했으며, 이에 A시는 적자의 주범인 시립 '은빛리조트'의 운영권을 법적 소유주인 A시 도시개발공사(이하 도시개발공

사)로 환원하는 작업을 추진하게 되었다(환원 시 은빛리조트 근무 직원 35명 전원 도시개발공사로 퇴사 후 재입사하는 조치도 포함되어 있었다).

원래 은빛리조트는 A시의 방침에 따라 도시개발공사가 설립하여 운영하였으나 문화관광재단이 설립됨에 따라 그 운영권이 문화관광재단으로 넘어가게 되었으며, 이로 인해 당시 은빛리조트에 근무 중이던 비정규직 30여 명은 문화관광재단 정규직으로 소속이 바뀌었다.

최초의 계획은 운영권만이 아닌 부동산의 소유권을 문화관광재단으로 넘기기로 했으나 소유권 이전을 위한 막대한 세금(약 60억 원)으로 인해 취소되었고(소유권을 이전하려면 문화관광재단에 대한 시의 투자금 확대가 필요), 이에 문화관광재단 노동조합은 재단의 경영안정을 위해 A시의 투자 확대 및 은빛리조트의 소유권 이전을 지속적으로 요구하였다(이는 문화관광재단 노동조합의 A시에 대한 불신의 근원이었다).

문화관광재단은 수년간 누적된 적자로 인해 노사관계가 악화되었으며, 특히 새로 부임한 사장은 가장 많은 적자가 발생하는 은빛리조트의 운영권 및 소속 직원들을 도시개발공사로 이전하는 것을 적극 추진하였다.

A시 의회 일부 의원들은 A시가 운영권 이전을 일방적으로 추진한다고 비판하였으며, 이에 A시는 외부 조정전문가(공인노무사 및 공공갈등조정가)에게 이 사안에 대한 조정을 의뢰하고 문화관광재단, 문화관광재단 노동조합, 도시개발공사에게 A시를 포함한 4자간 조정협의체의 운영을 제안하게 된다.

A시는 조정에 관한 이해관계자 간 사전 협의가 미흡한 상황에서, 일방적으로 "은빛리조트 운영권 환원 조정협의체" 1차 회의의 일자 및 장소를 각 이해당사자에게 통보하고 조정자에게 참석을 요청하였다.

한편 조정협의체에 초청받지 못한 도시개발공사 노동조합(위원장과 사무국장)은 1차 회의가 개최되는 회의장 앞에서 자신들의 참여 보장을 요구하는 1인 피켓 항의를 진행했다.

4자 조정협의체 조정을 의뢰받은 조정인은 조정을 맡아달라는 전화를 받았을 때, A시 담당자에게 조정 테이블 설정을 매우 세심하게 진행해야 한다는 당부를 여러 차례 했다. 그런데 오늘 갑자기 "은빛리조트 운영권 환원 조정협의체" 1차 회의 참석을 통보받고 A시 담당자에게 확인해 본 결과 조정협의체 구성을 위한 이해관계자 간 토론 및 합의가 거의 이뤄지지 않았다는 것을 확인했다. 조정인은 1차 회의가 순조롭게 진행되지 못할 가능성이 높다고 생각되자 한숨이 나왔다. 사전에 조정 테이블의 설정에 대해 아무런 토론과 합의가 이뤄지지 못한 상황에서 어떻게 진행을 해야 할지 난감한 상황에서 조정회의 장소로 출발했다.

3. 기업 거버넌스 관련 조정 실습(2) - 쟁점에 대한 합의형성 관련

그동안 3차례 조정회의가 진행되었으며, 지금까지 조정회의의 주요 합의 및 진행사항은 다음과 같다.

> A시의 유감 표명 : 문화관광재단 설립 시 약속한 사항이 준수되지 못한 것과 운영권 환원 이슈와 관련하여 조정협의체가 원만히 구성되지 못한 것에 대해 A시 담당자의 유감 표명이 있었다. 이에 대해 문화관광재단 노조는 A시의 사과 표명으로 받아들이겠다는 의사를 표명하였다.
>
> 명칭 및 의제 : A시가 기존에 정한 "은빛리조트 운영권 환원 조정협의체"를 인정하되, 운영권 환원 방안과 환원 없이 문화관광재단의 경영을 개선하는 방안 모두에 대해 논의하기로 합의하였다.

조정인이 각각의 이해관계자에 대해 인터뷰를 진행하여, 의제와 관련하여 객관적 사실조사를 진행하고, 그에 기초해 쟁점 사항을 선정하여 조정회의를 진행하기로 합의하였다. 이에 부실공기업 지정 가능성 및 부산시의 출자 가능성 여부에 대한 사실 확인을 진행하였다. 부실공기업 지정 가능성이 있다는 점과 출자가 사실상 불가능하다는 점이 확인되었다(모든 당사자들이 인정).

부실공기업 지정가능성이 있고 출자가 불가능하다는 점이 합의되면서 조정협의체는 운영권 환원 및 전적과 관련된 실질적 쟁점에 대해 논의를 본격화하기로 하였다. 한편 문화관광재단 노조와 도시개발공사는 신규 리조트 건설과 리조트 본부의 장기발전 비전에 대한 논의 또한 필요하다는 의견을 강하게 피력하였다.

도시공사 노조의 참여는 불필요하다고 합의하였다(실제로는 도시공사 노조 스스로가 참여를 포기한다는 의사를 표명함).

한편, 1차 회의 이후 문화관광재단 노조의 반발로 회의 개최가 지연되자 문화관광재단은 전격적으로 전 직원에 대해 2교대로 3개월씩 의무 휴직 실시를 강행하였다(급여 30% 삭감). 이로 인해 문화관광재단 노조가 반발했지만 다른 한편으로는 조정협의체 회의가 재개되는 계기가 되었다.

조정인이 이해관계자 인터뷰를 통해 파악한 주요 쟁점을 다음과 같다.

① 문화관광재단이 실시한 강제유급휴직 중단 및 사과

② 운영권 환원 시 은빛리조트 독립경영 여부(장기 비전 문제)

③ 전적 시 근로조건 문제(신규 채용 방식 vs 기존 근무 연수 인정)

④ 전적 방식(자발적 전적 vs 일괄적 전적)

⑤ 기존 도시개발공사 직원과의 차별 문제

5 조정과 중재 연습 포인트(3)

① 교육생은 개별 보고서 상 자신의 이해관계를 정확히 파악하고 그에 부합하는 주장과 행위를 하는 것이 매우 중요하다.

- 실제 협상 및 조정 시뮬레이션에서 자신의 이해관계를 잘못 파악하여 자신의 이해관계에 반하는 주장이나 요구를 하는 것이 종종 발견된다.

② 한편 서로 상충되는 주장을 하는 이해당사자의 이해관계를 파악하여, 관여된 이해관계자들이 이해관계를 동시에 충족하거나 그것이 불가능하다면 공정하게 양보하는 절충안을 수립하는 것이 매우 중요하며 교육생은 이점에 대해 항상 점검할 필요가 있다.

Chapter 07

개별적 노동관계법

이 정 교수(한국외국어대학교)

07 개별적 노동관계법

① 연습 목표

  본 과정에서는 직장생활을 통하여 일상적으로 접할 수 있는 전형적인 노동분쟁사례 3개를 선정하여 해당 분쟁의 원인과 법적 쟁점을 분석·정리한 다음,

  ① 당해 분쟁이 심판절차나 재판절차에 회부될 경우의 결과를 예측하고,

  ② 종국적으로는 화해나 조정, 중재를 통하여 해결하는 능력을 습득하는 데 그 목적이 있다.

② 진행 방식

o 5인이 한 팀으로 각자 역할을 수행
  ① 신청인, ② 피신청인, ③ 조정·심판인(노·사·공익 3인으로 구성)

o 연습시간 총 60분
  ① 사례검토 10분, ② 역할연기 수행(과제별 10분씩 3개),
  ③ 결과발표 및 피드백 20분

① 실습은 노동분쟁 해결절차를 보다 실감나게 경험할 수 있도록 실제 노동위원회나 법원, 조정기관에서 이루어지는 분쟁해결 프로세스를 상정하여 진행한다.

② 신청인(원고)과 피신청인(피고)은 당해 분쟁이 자기에게 유리하게 해결될 수 있도록 논리적으로 자기의 정당성을 각각 주장하고 이에 반박하는 역할을 담당한다.

③ 조정·심판인은 신청인과 피신청인의 주장을 청취한 다음, 당해 분쟁이 화해나 조정, 중재 등을 통하여 원만하게 해결될 수 있도록 신청인과 피신청인에 대한 적절한 조언과 조정을 수행하는 역할을 담당한다.

④ 결과발표는 조정·심판인이 사실관계 및 신청인의 주장과 피신청인의 반론을 간략하게 요약·정리한 다음, 분쟁이 어떠한 프로세스(화해, 조정, 중재 등)를 거쳐 최종적으로 어떻게 해결되었는지에 대한 결과를 간단하게 리포트를 한다.

3 평가 방법

① 신청인, 피신청인의 주장의 타당성
  - 법적 근거, 판례법리 등을 언급하고 있는가?
  - 논리가 없는 감정적인 주장을 하고 있지 않은가?

② 합의에 의한 결론의 합리성
  - 일방적인 양보를 요구하는가?
  - 실현 가능한 대안을 제시하는가?

③ 구성원의 참여정도
  - 구성원이 각자 자기 역할을 하고 있는가
  - 어느 일방이나 소수에 의해 회의가 주도되고 있지 않은가

개별적 노동관계법 사례(1)

1. 근로자성, 성희롱, 직장 내 괴롭힘, 부당해고, 합의

甲은 32세 여성으로 2020년 3월 1일에 A사와 학습지 교사로 위촉계약을 체결하고 A사 소속의 학습지 교사로 일하여 왔다. 그러던 중, A사는 2024년 2월 말에 甲이 '특별한 사유 없이 수차례에 걸쳐 학습지 교육에 지각·불참하였다는 이유 및 영업실적이 저조하다'는 이유로 학습지 교사 규정에 따라 甲을 해촉하였다.

이에 대해 甲은 A사의 원장(남 55세)이 올해 들어 甲에게 수차례에 걸쳐 근태불량 및 실적저조에 대해 공개적으로 질책을 하면서 한편으로는 집요하게 만남을 요구한 적이 있는데, 이를 거절한 것이 직접적인 원인이라 생각하고 이러한 내용을 사내 인터넷 게시판에 글을 올리고 노동청과 노동위원회에 직장 내 괴롭힘과 성희롱에 따른 진정 및 부당해고 구제신청을 하였다. 그러자 A사 원장은 甲을 명예훼손으로 관할 경찰서에 고소하였다.

참고로 甲은 위촉계약서에는 甲의 신분을 학습지 교사로 하고 정식직원을 적용대상으로 하는 취업규칙과는 달리 징계에 관한 규정은 특별히 두고 있지 않으나 계약해지에 해당하는 '해촉'에 관한 규정을 두어, 근태 및 실적 부진 등의 일정한 사유가 발생한 경우에는 A사가 해당 학습지 교사를 해촉할 수 있다고 규정하고 있다.

A사의 학습지 교사는 매주 월요일부터 금요일까지 오전에 1시간 및 오후에 1시간을 정해진 시간에 A사 강남지부 사무실에서 학습지에 관한 교육을 받고 영업실적을 확인받도록 되어 있으며, 특별한 이유 없이 이에 불참하는 경우에는 학습지 교사규정에 따라 해촉할 수 있다고 규정하고 있다.

또한 甲을 포함한 학습지 교사들은 그 실적에 따라 월 50만 원 내지 100만 원의 기본수당, 모집수당 등 각종 수당으로 지급받고 있으며, 직장의료보험, 국민연금, 고용보험 등에서도 A사의 직원과 동일하게 적용하고 있다. 다만, 근로소득세는 별도로 징수하고 있지는 않다.

5 개별적 노동관계법 연습 포인트(1)

① A사의 甲에 대한 해촉이 부당해고에 해당하는지에 대해 판단하시오.

② A사 원장의 행위는 직장 내 괴롭힘과 성희롱에 해당되는지에 대해 논하시오.

③ 화해·조정인의 입장에서 이 사건에 대한 화해·조정을 통한 해결의 가능성에 대해 검토하시오.

2. 정년연장, 임금피크제, 취업규칙 변경, 고용형태 · 연령차별, 균등대우,
   조정

　　H공사는 전체 직원에게 적용되는 취업규칙이 있으나, 2024. 1. 1.부터 직원의
정년은 60세로 그대로 유지한 채 일정 요건을 충족하는 직원에 한해서는 정년 이후
에도 63세까지 촉탁의 형태로 고용을 연장하는 대신 58세부터 임금을 매년 10%
씩 감액하는 소위 '계속고용형 임금피크제'를 도입하고자 한다.

　　이에 H공사는 과반수노동조합인 乙노조에게 동의를 요구했으나 乙노조는 정년
연장에는 찬성하지만, 이와 같이 연령과 고용형태에 따라 차등을 두는 '계속고용
형 임금피크제'는 '균등대우원칙'에도 반하는 무효인 행위라고 하며 여러 차례에
걸친 H공사의 끈질긴 설득과 요청에도 불구하고 단호하게 거부하였다.

　　그러자 H공사는 공기업의 특성상 연공급제 임금체계를 유지하면서 정년연장은
사실상 불가능하다고 판단하고, 乙노조가 끝까지 취업규칙변경에 동의를 하지 않
더라도 H공사의 이러한 행위는 사회통념상 상당성이 인정되므로 유효하다고 주장
하며 취업규칙 변경을 시도하고자 한다.

5 **개별적 노동관계법 연습 포인트(2)**

① H공사가 도입하고자하는 '계속고용형 임금피크제'는 정당성이 있는지에 대
해 논하시오.

_____

_____

_____

_____

② H공사는 공기업의 특성상 H노조의 요구를 도저히 받아들일 수가 없으므로 H노조가 끝까지 반대하는 경우에도 취업규칙 변경을 강행하고자 하는데, 이는 법적으로 문제가 없는지에 대해 논하시오.

③ H공사의 취업규칙변경을 둘러싼 노사 간 갈등을 원만하게 해결하기 위한 조정안을 제시한다면 어떠한 방법이 있을지에 대해 검토하시오.

3. 배치전환, 징계해고, 금전보상

丙은 38세 주부로 2020. 3. 1. K리츠 분당지점에 입사를 한 이래 부동산 감정평가업무에 종사해오던 중, 2024. 3. 1. 광명지점으로 전근명령을 받았다. 그러나 丙은 현재 뇌졸중으로 다소 거동이 불편한 친정어머니와 함께 동거하고 있는데, 정기적으로 통원치료 시에 동행해야 하며, 유치원과 초등학교에 다니는 자녀들이 있기 때문에 광명으로 통근하기 어렵다고 하면서 자기는 분당지점에서 계속 근무하기를 고집했다.

그러자 K리츠는 분당에서 부동산 개발 프로젝트가 거의 마무리 단계에 접어들었기 때문에 광명지역에 새롭게 개발 프로젝트를 추진함에 따라 丙 과 같은 베테랑 감정사가 필요하므로 부득이 전근명령을 내릴 수밖에 없다고 하면서 甲이 원한다면 사택도 제공하겠다고 제안을 했다.

그럼에도 불구하고 丙이 분당지점을 고집하자 K리츠 측은 2024. 4. 1. 丙에 대해 광명지점으로 정식으로 인사명령을 내렸다. 그럼에도 불구하고 丙은 계속해서 분당지점으로 출근을 하자 K리츠는 수차례에 걸쳐 광명지점으로 출근할 것을 설득하고, 권고했음에도 불구하고 이에 응하지 않아 2024. 5. 3. 정식으로 징계위원회를 소집하여 丙에게 출석통보를 하였다.

그러나 丙은 입사 시 면접에서 개인적인 사정을 분명히 설명하고 자기는 분당지점에서만 근무하기로 K리츠도 양해를 했음에도 불구하고 일방적으로 약속을 깨트리는 것은 신의칙에 반한다고 하면서 징계위원회에 불참한 채 회사에 1개월 휴직계를 제출한 다음 2024. 5. 10.부터 출근을 하지 않았다. 이에 K리츠는 丙의 경우에는 휴직 대상이 되지 않으므로 무단결근으로 취급한다고 경고했으나 출근을 하지 않자, K리츠는 甲을 무단결근 사유로 2024. 5. 30. 징계위원회에 회부하여 甲의 소명 없이 징계해고를 하였다.

5 개별적 노동관계법 연습 포인트(3)

① K리츠의 丙에 대한 배치전환 및 징계해고는 정당한지에 대해 논하시오.

② K리츠와 丙과의 화해의 여지는 없는지에 대해 검토하시오.

③ 이 사건이 부당해고라 판명된 경우, 양측이 화해를 하지 못하는 경우 원만하게 해결할 수 있는 방법은 없는지에 대해 논하시오.

Chapter **08**

집단적 노동관계법

최 영 우 원장 (중앙경제HR 교육원)

08 집단적 노동관계법

1 연습 목표

이 과정에서는 최근 우리나라 노사관계에서 주로 발생하는 대표적인 분쟁사례에 대해
① 당해 분쟁이 심판절차나 재판절차에 회부될 경우의 결과를 예측하고,
② 종국적으로는 화해나 조정, 중재를 통하여 해결하는 능력을 습득하는데
　그 목적이 있다.

2 진행 방식

○ **5인이 한 팀으로 각자 역할을 수행**
　① 신청인, ② 피신청인, ③ 조정·심판인(노·사·공익 3인으로 구성)

○ **연습시간 총 60분**
　① 사례검토 10분, ② 역할연기 수행(과제별 10분씩 3개),
　③ 결과발표 및 피드백 20분

① 실습은 노동분쟁해결절차를 보다 실감나게 경험할 수 있도록 실제 노동위원회나 법원, 조정기관에서 이루어지는 분쟁해결 프로세스를 상정하여 진행한다.

② 진행시간은 30분이며, 당사자들(신청인, 피신청인)의 주장 및 반론 20분, 정리 및 발표 10분으로 구성한다.

③ 신청인과 피신청인은 당해 분쟁이 자기에게 유리하게 해결될 수 있도록 논리적으로 정당성을 주장하고 반박하는 역할을 담당하고, 조정·심판인은 신청인과 피신청인의 주장을 들은 다음, 당해 분쟁이 화해나 조정, 중재를 통하여 원만하게 해결될 수 있도록 하는 역할을 담당한다.

④ 결과발표는 조정·심판인이 사실관계 및 신청인의 주장과 피신청인의 반론을 간략하게 요약·정리한 다음, 분쟁이 어떠한 프로세스(화해, 조정, 중재 등)를 거쳐 최종적으로 어떻게 해결되었는지에 대한 결과를 간단하게 리포트를 한다.

③ 평가 방법

① 신청인, 피신청인의 주장의 타당성
  - 법적 근거, 판례법리 등을 언급하고 있는가?
  - 논리가 없는 감정적인 주장을 하고 있지 않은가?

② 합의에 의한 결론의 합리성
  - 일방적인 양보를 요구하는가?
  - 실현 가능한 대안을 제시하는가?

③ 구성원의 참여정도
  - 구성원이 각자 자기 역할을 하고 있는가?
  - 어느 일방이나 소수에 의해 회의가 주도되고 있지 않은가?

4

집단적 노동관계법 사례(1)

1. 교섭단위 분리 인정 여부

　㈜한국기업은 생산직을 중심으로 하는 노동조합(1노조)이 존재하는 상황에서 최근 사무직 중심의 제2노동조합이 설립되었다. 사무직 노조의 결성 이유는 회사가 노동조합에 가입되어 있는 생산직 근로자의 근로조건에 대해서만 관심을 가지고 있을 뿐, 진작 제품생산의 핵심역할을 하는 연구개발·지원인력의 근로조건 개선에 대해서는 소홀히 해 온데 대한 불만이 컸기 때문이다.

　회사는 그동안 노사협의회, 직급별 간담회 등을 통해 사무직 근로자들의 애로사항을 수렴하고 개선하려고 노력해 왔다고 생각했는데, 사무직 근로자들의 입장에서는 회사의 행동이 진정성이 없는 보여주기식 행태에 불과했다고 비판하고 있다.

　제2노조는 공정한 평가기준 마련, 노조사무실 제공, 타임오프 부여, 사회공헌기금 출연 등을 교섭사항으로 결정하고 회사 측에 개별교섭을 요구하였다. 그런데 회사는 개별교섭을 수용하지 않았고, 제2노조는 노조법 제29조의3 제2항에 따라 노동위원회에 교섭단위 분리결정을 신청하였다.

　㈜한국기업 노동조합 현황
　<1노조> 산업별노조 지부, 조합원 5,000명, 생산직 중심
　<2노조> 기업별노조, 조합원 2,000명, 사무직 중심

5

집단적 노동관계법 연습 포인트(1)

① 현 상황에서 제2노조가 교섭권을 확보할 수 있는 몇 가지 방안에 대해 설명하시오.

_____

_____

② 제2노조가 신청한 교섭단위 분리 인정 여부에 대해 판단하시오.

③ 제2노조 등장 이후 노사간, 노노간(생산직과 사무직) 갈등이 심화될 가능성이 높은 상황이다. 화해·조정인의 입장에서 이와 같은 갈등상황에서 화해·조정을 통한 해결의 가능성에 대해 검토하시오

㈜한국기업 교섭단위 분리 인정 여부 판단 참고자료

1. 현격한 근로조건의 차이 여부

> 교섭단위 분리를 정당화시킬 수 있는 '현격한 근로조건의 차이'는 근로조건의 주관적인 차이가 아니라, 단체교섭을 별도로 행하는 것이 필요하다고 볼 수 있을 정도의 객관적인 근로조건 차이가 있어야 한다.

① 생산직, 사무직 모두 동일한 단체협약과 취업규칙의 적용을 받는다. ② 소정근로시간은 1일 8시간, 1주 40시간으로 동일하다.

③ 사무직은 연봉제, 생산직은 호봉제이다.

④ 유급휴일, 유급휴가, 휴게시간, 복리후생, 상여금, 성과급 등에서도 차이가 없다.

⑤ 생산직은 근속수당, 위험수당이 별도로 존재한다.

2. 고용형태 차이 여부

> 고용형태의 차이를 판단하기 위해서는 근로계약 기간의 정함이 있는지 여부, 직제규정, 채용방식, 적용되는 인사규정, 인사교류나 직종전환 가능 여부 등을 주요한 판단 요소로 삼을 수 있다.

① 사무직과 생산직 모두 정년이 동일하다.

② 근로자들은 동일한 정년을 적용받는 상용정규직이다.

③ 모두 8시간 주간근무로 근로시간, 근로형태가 같다.

④ 직급체계가 다르다.

⑤ 사무직과 기능직은 별도 채용, 교육훈련, 평가 등이 이뤄지고, 상호 인사교류도 없다.

3. 교섭관행

> 상용직 근로자들이 그 외 직종의 근로자들과 별도의 협의체 또는 노동조합을 조직·구성해 왔던 점이나 그 외 직종과 별도로 임금협약을 체결하여 온 점 등 기존 분리교섭 관행 등이 교섭관행의 차이로 인정될 수 있다.

교섭창구 단일화 제도가 도입된 이후 교섭단위를 분리하여 교섭한 관행은 존재하지 않는다.

---

4 집단적 노동관계법 사례(2)

2. 공정대표의무 위반 여부

사업장 단위 복수노조 설립이 증가하면서 노노간, 노사간 공정대표의무를 둘러싼 다툼이 자주 발생하고 있다. 다음에 제시한 내용은 복수노조 사업장에서 최근 공정대표의무를 놓고 분쟁이 자주 발생하는 사례들이다.

(1) (노조사무실) 사용자가 사업장 내 노동조합 사무실을 제공할 장소가 여의치 않다는 이유로 교섭대표노조에게는 사업장 내 노동조합 사무실을 제공하면서 특정 노동조합에게는 사업장으로부터 약 2km 떨어진 곳에 노동조합 사무실을 제공하였다.

(2) (근로시간면제) 노사간 합의로 근로시간면제제도를 도입하기로 합의했는데, 소수노조가 사용자에게 근로시간면제와 관련하여 아무런 요청을 하지 않아 소수노조에게는 근로시간면제 시간을 부여하지 않았다.

(3) (단체교섭 진행과정 미고지) 잠정합의안 마련 이후 교섭대표노조의 대의원들에게만 이를 알리고 대의원회의 결의 절차를 거쳤을 뿐, 소수노조에 대해서는 잠정 합의안 마련 사실을 알리거나 이에 대한 의견수렴 절차를 거치지 않았다.

① 공정대표의무 위반 여부를 판단하는 기준에 대해 설명하시오.

② 위의 각각의 사례에서 교섭대표노조 또는 사용자의 공정대표의무 위반 여부에 대해 판단하시오.

③ 공정대표의무 위반을 둘러싼 노노간, 노사간 갈등을 원만하게 해결하기 위한 조정안을 제시한다면 어떠한 방법이 있을지에 대해 검토하시오.

3. 부당노동행위 다툼 사례

　다음 사례들은 노동위원회에서 부당노동행위 여부를 두고 노사가 다툰 사안들이다. 제시된 사례를 근거로 질문에 답하시오.

　<사례 A> ○○노동조합은 산별노조 서울지부소속 지회이다. 이번 임금교섭에서 노조는 회사 측에 집단교섭을 요구하고 있다.

　<사례 B> 파트타임(1일 4시간) 근로시간면제자인 홍길동은 자체 감사에서 복무 규정 위반 사실(1일 4시간은 회사 업무에 복귀해야 함에도 불구하고 복귀하지 않은 사실)이 발견되어 해임되었다. 노동조합은 이에 대해 노조활동에 대한 탄압으로 규정하고, 노동위원회에 부당노동행위 구제신청을 제기하였다.

　<사례 C> 김한국은 노동조합 풀타임 근로시간면제자이다(연간 2,000시간 타임오프 부여). 회사는 김한국에게 근로시간면제자가 되기 전에 지급했던 월급여 500만 원을 그대로 지급하고 있는데, 여기에는 월 20시간 고정OT수당이 포함되어 있다. 이에 대해 제2노조에서 김한국은 근로시간면제자가 되고 나서 연장근로를 하지 않는데도 고정OT수당을 지급하는 것은 운영비 원조행위에 해당한다는 이유로 부당노동행위 구제신청을 제기하였다.

5   집단적 노동관계법 연습 포인트(3)

① <사례 A>에서 사용자가 노동조합이 요구하는 집단교섭에 응하지 않을 경우 부당노동행위 여부에 대해 설명하시오.

_____

_____

_____

_____

② <사례 B>와 <사례 C>의 부당노동행위 여부에 대해 논하시오.

_____

_____

_____

_____

_____

③ 평소 사용자의 노무관리에서 부당노동행위 여부를 둘러싼 분쟁이 발생할 소
 지가 있는 경우를 찾아보고, 조정인의 입장에서 사전에 예방할 수 있는 방안
 이 무엇인지 검토하시오.

_____

_____

_____

_____

_____

집필진 약력

김태기(withkim21@naver.com)

현장을 중시하는 노동경제학자로 이론과 실제의 통합적 연구를 추구해왔다.
현재 중앙노동위원회 위원장을 맡고 있으며 분쟁의 평화적 해결을 넘어 신뢰사회 구축에 힘을 쏟고 있다. 우리나라 최초로 단국대학교에 분쟁해결연구소를 설립했고, 한국노동경제학회 회장을 역임했다. 주요 저서로 「협상의 원칙」(사회평론, 2003), 「분쟁과 협상」(경문사, 2007), 「분쟁 조정의 경제학」(한국노동연구원, 1990), 「노사분쟁조정에 관한 연구」(한국노동연구원, 1999) 등이 있다.

김용목(dragonek@hanmail.net)

노루페인트노동조합위원장과 한국노총 경기지역본부의장을 역임하고 한국폴리텍대학 아산캠퍼스 학장으로 근무하였다. 국립한경대학교에서 경영학 박사학위를 취득하고 경기지방위원회 근로자위원을 거쳐, 현재 경기지방노동위원회 공익위원이다. 26년 여 노동운동 경험을 바탕으로 수천 회에 걸쳐 산업평화를 주제로 특강을 실시하였다.

김학린(haklin.kim@gmail.com)

뉴욕주립대학교(Binghamton)에서 정치학 박사를 취득했으며, 현재 단국대학교 경영대학원 협상학과 교수로 재직 중이다. 갈등학회 회장, 대입제도개편공론화위원회 위원, 가습기살균제피해구제조정위원회 위원 등을 역임했으며, 현재는 중앙노동위원회 공익위원(조정)으로 활동하고 있으며, 주요 저서로는 「갈등관리화 협상」(노스보스, 2018), 「한국사회 공론화 사례와 쟁점」(박영사, 2020), 「다수가 옳다는 착각」(지식노마드, 2021, 역서) 등이 있다.

서광범(kbsuh21@hanmail.net)

경제학박사, 경희대학교 대학원에서 노동경제학을 전공하고 한국노동교육원과 한국기술교육대학교 고용노동연수원에서 교수로 근무했다. 2015년부터 경기지방노동위원회 공익위원으로 활동하며, 330여 건의 노동쟁의조정사건과 630여 건의 개별노동분쟁사건의 화해회의를 진행하면서 "화해의 달인"이라는 별칭을 얻고 있다. 수원고등법원과 가정법원의 조정위원으로도 활동하고 있으며 강의를 비롯하여 노사관계리더십연구와 기업의 노사관계 및 노동문제 컨설팅을 수행하고 있다.

윤광희(lifeykh@naver.com)

한국고용노동교육원 창립멤버로 win-win협상과 고충처리상담 교육 등을 34년 동안 5,000회 이상의 강의를 해왔다. 동국대, 국립한경대 등에서 26년간 노동법을 강의하였고, 현재 win-win노사관계연구소장이며 충북지방노동위원회 공익위원(조정)이다. 내담자중심상담이론(client centered therapy), 선택이론(choice theory), 현실치료(reality therapy), 교류분석(transaction analysis) 등의 심리이론을 산업현장의 갈등 예방 교육에 적용하는 데 전념하고 있다.

이준호(junholee9050@gmail.com)
서강대에서 경영학 박사학위를 취득하고 산업연구원 책임연구원과 현대경제연구원 수석연구위원으로 기업 현장에서 인사, 노사관계, 업무혁신, 조직진단의 경영컨설턴트로 활동하였다. 그 후 나사렛대학교 경영학과 교수로 재직하였으며 대한경영학회의 이사, 행정안전부 민간자문위원, 한국행정연구원 자문교수, 충청남도 교육청 인성교육자문위원 등을 역임하였다. 최근에는 Gordon Training International과 협력, 우리나라의 커뮤니케이션과 갈등해결방법을 개선시키는 교육에 전념해오고 있다. 주요 저서로는 「고임금시대의 노무관리」(현대경제연구원, 1993), 「헨리포드에서 정주영까지」(한언, 1999), 「이민기업가와 기업가정신」(한언, 2004), 「포용국가와 서번트 리더십」(한국행정연구원, 2021) 등이 있다.

이 정(leejohn@hufs.ac.kr)
동경대학 법학부 법학연구생·석사·박사, 큐슈(九州)국립대학 법학부 교수, 한국고용노사관계학회 회장, 한국노동법이론실무학회 회장, 한국외대 로스쿨 원장 등을 역임하였으며, 현재는 중앙노동위원회 공익위원으로 활동하면서 강의와 집필활동을 하고 있다. 주요 저서로는, 「노동법체계의 새로운 지평」(법문사, 2023)을 비롯하여 「解雇紛爭解決の法理」(信山社, 2001), 「整理解雇と雇用保障の韓日比較」(日本評論社, 2002), 「노동법의 세계」(지식출판원, 2015), 「일본노동법」(법문사, 2015) 외 다수가 있다.

최영우(koreacko@hanmail.net)
현재 우리나라 최대 인사노무교육기관인 중앙경제HR교육원 원장, 경기지방노동위원회 공익위원(심판), 아주대 경영대학원 MBA과정 교수, 한국인사관리학회 이사, 행정안전부 공무원노사문화우수기관 심사위원 등으로 활동 중이며, EBS 노동법 강사, 한국고용노동교육원 교수를 역임하였다. 실무 노동법 베스트셀러인 「개별 노동법 실무」(중앙경제, 개정13판, 2024), 「집단 노동법 실무」(중앙경제, 개정9판, 2024)의 저자이기도 하다.

ADR 워크북 — 대안적 분쟁해결 사례연습 —

초판발행   2024년 7월 23일

지은이   중앙노동위원회
                김태기·김용목·김학린·서광범·윤광희·이준호·이 정·최영우

펴낸이   안종만·안상준

편 집   이승현
기획/마케팅   정연환
표지디자인   이은지
제 작   고철민·김원표

펴낸곳   (주) **박영시**
                서울특별시 금천구 가산디지털2로 53, 210호(가산동, 한라시그마밸리)
                등록 1959. 3. 11. 제300-1959-1호(倫)

전 화   02)733-6771
f a x   02)736-4818
e-mail   pys@pybook.co.kr
homepage   www.pybook.co.kr
ISBN   979-11-303-4798-1   93360

copyright©중앙노동위원회, 2024, Printed in Korea

정 가   10,000원